박정희와 한일협정

박정희와 한일협정

한상범 지음

21세기사

2015년은 광복 70주년, 한일협정 체결 50주년, 베트남 참전 40주년이 되는 해이다.

한일협정이란 1965년 6월 22일 한일 양국 간에 조인된 한일기본조약, 4개의 부속협정(한일문화재 및 문화협력에 관한 협정, 한일어업협정, 재일교포 법적지위와 대우에 관한 협정, 한일재산 및 청구권문제 해결과 경제협력에 관한 협정) 및 25개 문서의 총칭이다.

한일회담은 광복 후 이승만 정부에서 1951년 10월 20일 처음 시작되었고, 10여년에 걸친 교섭에도 불구하고 타협점을 찾지 못했다. 1961년 5·16쿠데타 다음날 인 5월 17일 일본정부는 제5차 한일회담 본회담 재개를 결정하고, 한국정부는 1961년 6월 17일 회견에서 연내 한일회담 타결의사를 발표하여 비밀리에 회담을 지속하였다. 비밀리에 진행된 협상 내용은 한일간에 무상 3억달러를 10년간 지불하고 경제협력의 명목으로 정부간의 차관 2억달러를 제공하며 상업베이스에 의한 무역차관으로 1억달러를 제공하기로 확정한 것이다. 한일간의 협상 내용은 즉각 알려지지 않은 채 1964년에 이르기까지 2년 동안 비밀에 부쳐졌다. 한일회담의 진행과정을 비밀에 부쳐 온 박정희 정권은 1964년 3월 한일회담을 3월에 타결, 4월에 조인하고 5월에 국회 비준할 방침을 밝혔다.

이처럼 박정희 정권은 한일회담 진행과정을 비밀에 부쳐 '6.3사태'라는 격렬한 회담 반대시위를 초래하기도 했다. 1964년과 1965년에 걸쳐 대학가를 중심으로 대학생과 시민들이 '굴욕회담'을 규탄하고 반대하는 대규모 시위를 벌였고, 박정희 정권은 위수령과 계엄령을 선포하고 군대를 동원하여 반대시위를 차단하고 1965년 6월 22일 한일협정에 서명했다. 한일협정은 정신대 · 사할린교포 문제 등은 거론조차 못한 채 마무리되었고, 재일교포의 법적 지위와 영주권 문제는 일본정부의 임의적 처분에 맡겨지게 되었으며, 35년 일제강점기 일본이 불법으로 강탈해 간 모든 한국 문화재를 일본의 소유로 인정해 버린 졸속·굴욕회담이었다.

쿠데타로 집권한 박정희정권의 취약한 정통성을 볼모로 한일간의 국교를 정상화시켜 동아시아에서 소련의 남하정책을 저지하고 중국을 견제한다는 전략이 1960년대 미국의 동아시아전략이었다. 미국은 1960년대 동아시아전략의 일환으로 한일간의 국교정상화 과정에서 한국과 일본 양쪽에 개입하여 국교수립을 적극적으로 중재·종용하였다.

한일협정은 '경제협력자금'이라는 돈을 받아 한국 근대화와 경제발전의 토대를 마련했다고 보는 긍정 평가와 반대로 '구걸외교'로 일제강점기 식민지배에 대한 청산과 침략책임에 대한 기회를 놓쳤다는 부정적인 평가가 엇갈리고 있다.

일제강점기 불행한 역사는 지금도 계속되고 있다. 위안부 피해 할머니 문제 등이 여전히 미해결의 문제로 지속되고 있다. 이러한 문제의 원인은 어디서 연유된 것인가? 일제강점기 식민통치에 대한 사죄를 받아내지 못하고, 한일합병조약이 '원천 무효'임을 명시하지 못하고 체결된 '한일협정'이라 할 수 있다.

1965년 박정희 정권이 체결한 한일협정을 통해 일제의 식민지배와 침략 책임을 형식적으로 종결시켜 이후 여러 모순을 낳게 된 것이다. 즉, 한일협정은 한일합병조약의 무효 문제, 일본군 위안부, 일제 강제동원 피해자 배상, 사할린동포 문제, 문화재 반환, 독도문제 등 미해결 현안들이 우리 앞에 숙제처럼 놓여있다.

일본정부는 1965년 한일협정을 통해 일제 강점기 식민지배의 책임 문제가 모두 청산됐다고 여전히 주장한다. 일본 정부가 제공한 유·무상 5억 달러에는 일제 강점기

강제 동원된 한국인 피해자들의 포괄적 배상액이 포함돼
있다는 것이다.

　한일관계는 일본의 아베(安倍晋三)정권이 들어선 선 이후
더욱더 해결기미가 보이지 않는 안개속이다. 미래지향적
으로 한일 두 나라의 갈등 현안을 해결하기 위한 출발은
한일협정 체결의 과정과 그 체결 내용 등을 다시 제대로
보는 것이다.

　한일협정의 졸속 협상과 그로 인한 문제가 무엇이며
이를 해결하기 위해서는 어떻게 실마리를 풀어야 하는
가를 알아야 한다. 어려운 시대를 살아가는 젊은이들이
보다 더 좋은 사회에서 살아가도록 하는 위한 출발은
50년 전에 한일간에 체결되어 지금도 문제가 되고 있는
'한일협정'을 제대로 이해하는 것이다.

　이 책은 친일청산 작업을 평생의 과업으로 삼은 노학자

老學者가 한일협정을 분석하고 개정방향을 제시하며 발표한 논문·논설을 모은 것으로 '한일협정 체결 50주년'을 맞이하여 한일협정의 실체적 진실을 알리기 위한 것이다.

지은이 한상범 교수는 1964년 '한일협정 반대 교수단' 일원으로 반대서명을 하였고 반대시위와 집회에 참여하였다. 또한 1964년 한일협정 반대 및 굴욕외교반대 학생시위에 참여한 동국대학교 농학과 3학년 김중배金仲培군이 경찰의 경봉警棒에 맞아 사망하는 사고가 발생했을 때, 「사인 진상 규명 조사단」 조사위원으로 활약하기도 하였다. 그 당시에도 '측면외교와 국민의 반응'인물계, 1964년 8월호이라는 글을 통해 한일협정 밀실 외교를 비판하는 글을 발표하기도 했다.

1995년 한일협정체결 30주년을 맞아서는 당시에 한일협정 개폐문제를 민족문제연구소당시 반민족문제연구소 주최 심포지엄에서 "한일협정 분석결과 드러난 문제점"를 발표하였고 이를 주간지에 기고하기도 했다. 한일조약 다시 맺자, 〈한겨레21〉 제81호(1995.10.26); 한일협정 뜯어 고치자, 〈시사저널〉 1995.6.29. 이후 1996년 7월 26일에는 한일과거청산범국민운동본부 창립 1주년 공청회에서 "한일협정 개정안"을 발표하여 한일기본조약부터 근본적으로 개폐할 것을 제의했다.

1997년 1월 김영삼 대통령의 일본방문을 앞두고 과거청산국민운동본부 주최 특별회견1997.1.22, 한국프레스센터에서 '바람직한 한일관계를 위한 기본조건 - 대통령의 방일에 부쳐'라는 기조발제를 통하여 한일국교의 정상화를 위해서 1965년 조약의 재검토를 제의했다. 그러나 그러한 제의는 반영되지 못하고 외무부에 의해 묵살되었다. 그 후에도 지속적으로 〈순국〉 잡지에 "1965년 한일협정의 문제점과 그 개정방향", "1965년 한일협정 왜 개정해야 하나?"를 발표하였다. 2001년에는 일본시민단체인 「답책회의鄭費會議」초청으로 일본 도시샤대학同志社大學에서 "인간의 존엄과 바른 한일관계의 수립- 한일협정 왜 개정해야 하나?"라는 주제로 강연을 했고, 그 결과를 아·태공법연구제10집, 2002.2.에 발표했다.

저자인 한상범 교수는 한일협정에 대해 "미국의 압력하에 박정희 군사정권이 체결한 밀실조약으로 당연히 개정해야 하며, 피해자의 권리를 자의적으로 말살한 한국정부가 책임질 것은 지고, 일본은 응분의 사죄를 해야 한다"는 소신을 일관되게 피력해 왔다. 그러한 소신 주장을 담은 것이 이 책의 내용이다.

이 책은 한상범 교수의 학문적 업적을 정리하는 과정에서 2015년이 '한일협정' 체결 50주년이 되는 해이며, 그동안 지속적으로 한일협정 문제를 연구 발표해 온 선생님의 논설·논문을 정리하는 것도 의미가 있겠다는 점에서

한일협정 관계 논문과 논설을 단행본으로 기획 출간하게
되었음도 밝힌다.

 아무쪼록 이 책자가 일제강점기 피맺히고 한 많은
피해를 입은 위안부 피해 할머니들을 비롯하여 징용·징
병 등으로 피해를 입은 분들의 상처를 치유하고, 어려운
시대를 사는 젊은이들이 살아가는 보다 더 나은 사회를
만들어 가는데 조금이라도 보탬이 된다면 좋겠다. 아울
러 평생을 지행합일知行合一의 자세로 실천적 지식인의 삶
을 살아오면서 지식인의 의무를 소홀히 하지 않은 한상범
선생님께 이 책을 헌정한다.

2015년 3월 1일
엮은이 이철호

목 차

여는 글:

박정희와 한일협정

박정희 군사정권의 민족 반역성과 한일협정 강행체결

　박정희 군사정권의 3대 反민족성과 反민주성은 어디에 있는가 하면 (1) 무엇보다 헌정질서를 파괴하는 군사반란으로 정권 탈취를 한 것을 비롯하여 (2) 이승만 정권보다 저질이고 악질적인 친일 일제 잔재를 만주中國 東北에서 부역한 친일파가 집권하여 부활 확대 시킨 것이며, (3) 특히 굴욕적인 한일협정을 밀실 흥정으로 강행 체결한 것이다. 지금 1964년 이후의 한일협정 반대투쟁에 참여하여 그 고난의 시련을 체험하거나 또는 목격하지 못한 사람으로 보면 내 표현이 감정적이고 과격한 것으로 보일지 모른다. 그렇지만 실상 조금도 그렇지 않다. 여기서 내가 겪은 당시의 상황을 몇 가지만 들어보자. 당시 비열한 군사정권의 밀실흥정의 굴욕외교는 온 국민대중의 거족적인 반대에 부딪쳐 당시 정권은 비상계엄령을 선포하고 군대를 동원하여 시위를 진압하였다. 이 시위과정에서 학생이 경찰진압 몽둥이에 맞아죽고 많은 시위자가 다치고 잡혀가 몰매를 맞고 고문당하고 징역살이를 했다. 굴욕외교에 반대하는 발언으로 양주동 교수 같은 노장학자는 대학에서 쫓겨나 그 부인이 광주리장사로 끼니를 이어갈 지경이 되었었다. 당시 중앙정보부 등 공안기관원이 반대인사와 단체에 대한 매수와 협박, 감시와 연행심문 등 살벌한 분위기속에서 불안에 떨며 살아가는 으스스한 시절로 본격적으로 접어들기 시작했었다. 나처럼 젊은 교수로서 교수단시위와 집회에 참여하고 반대서명을 했던 사람도 당국에서 조사하여 겁주고 학교 당국과의 관계가 불편해져서 괴로운 처지에 놓였었다. 더욱이 나는 시위중에 경찰봉에 타살된 동국대 학생의 진상조사에 착수하는 교수단소속 피살학생진상규명조사위원으로 활약하고 밀실외교를 비판하는 글도 써서 더욱 그랬었다. 한상범, "측면외교와 국민의 반응", 〈인물계〉 1964년 8월호.

당시 군사정권의 국교타결 교섭을 국민은 왜 "굴욕외교"라고 했는가? 김종필 정보부장은 한일교섭의 특사로 일본의 오히라와 일본요정에서 게이샤일본 기생의 시중을 들며 막후 밀실 홍정으로 타결의 실마리를 풀어냈다. 김종필은 공공연히 떠들어대길, "내가 제2의 이완용 소리를 들어도 해내겠다!"고 망발을 서슴지 않았다. 사실 그의 말대로 그는 "제2의 이완용"이 되었다. 2004년 미국에서 정보자유법에 의해 공개됨으로써 미국측 자료에 의해 폭로된 바에 의하면 미국 중앙정보부 문서에 기록되길 박정희는 한일협정 체결전에 이미 일본상사로부터 6천 6백만 불을 받아먹었다. 1965년 당시에 한일협정에서 간신히 일본측으로 부터 3억불을 무상으로 받았으니, 그 돈액수가 얼마나 엄청난 금액이었는지 짐작할 수 있다. 동시에 한일협정 관련문서의 공개를 요청한 소송을 통해 우리 외교부가 관리 보관하고 있는 외교문건이 일부 공개되었다. 그것을 통해 다시 확인된 것은 그 밀실 홍정에서 한국측의 비굴한 양보이다.

그러면 왜 이토록 박정희 정권은 쫓기듯 한일협정 강행체결을 하였는가? 그 당시에도 짐작한 바이지만 내외로 조성된 미국과 일본의 압력과 박정희정부의 정권으로서 국민불신으로 인해 궁지에 처하였었기 때문이었다.

우선 국민적 지지가 없고 쿠데타로 탈권하여 집권해서 정통성을 결여한 정권으로서 약점 투성이었다. 그래서 대내외의 정치공작에 돈이 필요했다. 군정은 온갖 정보공작을 전개하고 사전에 비밀로 자기들만이 정당조직을 하였던 것을 비롯해 각계 인사의 매수와 전국적 밀고 정보망구성에 이르기까지 막대한 돈을 정보공작에 썼었다. 그리고 박정희 정권이 직면한 가장 무서운 압력은 월남전으로 궁지에 몰린 미국으로 부터의 강권強勸에 가까운 요구였다. 미국은 일본을 앞세워 동북아세아의 반공보루를 구축한다는 정략 때문에 한일동맹의 전제로서 한·일국교 타결을 박정희 정권에게 강요했다. 여기에 일본은 한국전쟁에서 역사 이래 최고의 경기를 누리며 떼돈을 벌었다. 그 일본은 미국 꽁무니를 따르며 과거의 "전쟁국가"에서 전환하여 다른 나라의 전쟁에 편승 기생便乘 寄生하는 "전쟁기생국가"戰爭寄生國家로서 경제대국으로 성장하였다. 그 일본은 한국시장에 군침을 흘리고 있었다. 협정문서 공개에서 나타나지만 결국 그러한 국제상황에서 박정권은 "한일국교 타결 카드"로 미국의 편에 투항하면서 승부를 한 것이다. 그것은 일제 피해자인 국민대중의 중대한 이익을 포기하고 민족적 자존심을 쓰레기통에 던져버린 용서받을 수 없는 짓이었다. 왜냐하면 국제관계에서의 국익 고수와 관철은 자기국민을 위해서 각기 주체성을 나라마다 최저선에서 고수해야하는 것이 기본 상식인데도 불구하고 군사정권이 정권의 이해관계 때문에 이를 원천적으로 송두리째 포기하였기 때문이다.

한일협정에서 무엇이 잘못된 것이냐?

그러면 구체적으로 한일협정의 무엇이 어떻게 잘못된 것이냐를 따져보자. 박정희를 변명하는 박정희의 망령에 매달려 기생하는 수구부패기득권부류를 비롯한 박정희 정권이나 신군부 군사정권의 그늘에서 살찐 무리와 박정희 신화에 세뇌된 사람들은 한일협정 등 박정희 행적을 미화시키는 일에 목을 걸고 있다. 그러나 그것이 얼마나 치사한 거짓말인가?

먼저 한일협정은 외교문서의 성격상 강화조약도 아니고 통상조약도 아닌 애매모호한 국제문서이다. 원래 일본은 1951년 샌프란시스코 강화조약에 한국을 당사자로 초청했어야 한다. 그런데 미국과 담합, 한국을 빼버린 채 한국에 관한 조항을 제멋대로 조약에 집어넣었다. 샌프란시스코 강화조약 제2조 및 제3조의 영토와 재산권에 관한 규정에서 한국이 당사국이 되는데도 불구하고 한국을 초청 당사자로 하지 않고 미국과 합의하는 형식으로 규정하였다.

26

이미 그 이전에 일본주재 맥아더사령부는 1946년부터 개시된 일본국군주의 전범에 대한 재판 때부터 주로 일제의 침략에 따른 범죄시기를 1928년부터 대상으로 하여 한국에 대한 침략문제는 일체 제외시켰었다. 그러한 미·일정부의 처사에 대해 그 후 이승만정부나 박정희 정권이 이의를 제기하거나 항의한 적이 없다. 한일기본조약에는 조약체결의 배경과 경위에 대한 논급이 전혀 없이 샌프란시스코 강화조약을 인정하는 것을 전제로 하되, 일본의 한국에 대한 배상 문제는 애당초 없는 것으로 규정되었다. 그래서 일본제국주의의 침략과 가해행위에 대한 "배상"이 아니라, "독립 축하금"이니 하는 엉뚱한 소리를 하게 되었다. 우리가 일본제국주의에 항쟁하여 독립을 달성하느라고 피를 흘렸는데 일본제국주의자나 그 침략주체인 정부를 계승한 정권의 축하를 받는다고 하는 소가 웃고 돌아설 말을 하고 있다. 결국은 조약의 성격 자체가 강화조약이 아니었다. 그러니 일본침략은 고스란히 면죄부를 안겨 주게 된 것이다. 밀실외교의 굴욕성은 바로 한국정부가 민족과 국가로서 스스로의 입지를 포기했기 때문에 침략의 피해자인 한국국민의 처지를 스스로 가해측과 합작해서 묵살한 채 국민을 배신한 흥정을 한 것이었다.

특히 청구권을 비롯해 재일교포 지위와 어업관계 및 문화재 반환 등의 협정에서 엉망이 되어 버린 것은 위에 들었듯이 시작이 잘못되었으니 불가피한 결과였다.

그 가운데서 통탄할 일로서 피해자와 유족에게 최대의 죄악을 저지른 일은 무엇이냐? 이완용이나 송병준보다 더한 짓으로 나라 팔아먹고 민족을 배신한 일을 하다보니까 결국에는 동포가 일제한 테 당한 피해사실인 강제연행 당해서 죽고 병신이 되고 병들고 가족이산과 해체로 파산당한 징용 징병 군속복무 및 원폭피해 등을 비롯해 정신대데이신다이로 연행되어 종군위안부가 된 우리의 딸들을 '나 몰라라'한 것이다. 어디 그 뿐인가 재일동포나 사할린으로 끌려가 버려진 동포에 대한 유기는 무엇보다 큰 죄라고 할 것이다. 군사정권의 무리들은 그들의 생명과 피눈물의 대가를 가로채 자기들이 함부로 쓰고 경제발전을 위해 썼다고 한다. 그러한 억지논리로 남의 희생한 대가를 가로챈 자는 누구이냐? 순리적인 경제발전을 외면 저지하고 **"개발독재"**로 이끌어 재벌을 배불리고 노동자와 농민 및 중소기업자를 희생시킨 정경유착의 죄과는 지금에도 반드시 따져야 한다. 그래서 그들의 부정축재 환수를 해야 한다. 그들의 부정축재로 피해자에 대한 배상과 보상을 해야 하는 것이 **민족정기회복과 정의와 형평의 원칙에 맞는 일**이라고 하겠다.

여기서 가장 주목해야 할 일은 한·일 두 나라 정부 책임자가 밀실흥정으로 개개인의 권리에 관한 사항을 자의적으로 말살시키는 불법한 처리를 한 일이다. 세계의 어느 법리를 통해 봐도 **정부가 개인의 권리를 그 의사에 반하여 박탈 말소할 권한은 없다.** 군사정권이 일본정부와 야합해서 우리 동포의 권리를 말소시키는 방식으로 마무리를 지었다고 하는 것을 기정사실화시켜서 50년을 끌고 왔다. 징용 징병 등으로 강제 연행하여 그 생명과 노력을 제공시킬 당시에 일본정부는 〈일본제국 신민〉日本帝國 臣民이라고 하여 조선사람을 붙잡아가서 부려먹고 죽고 병신이 되게 했다. 그러다가 일본정부는 항복 후에 그들에게 연금이나 배상 보상조치를 할 때에는 하루아침에 돌변해 그들은 일본국민이 아닌 조선사람이기 때문에 제외한다

고 하여 무권리상태로 유기했다. 일본정부나 일본의 재판
소는 이 법리를 전제로 하여 일관되게 배상 또는 보상을
거부해 오고 있다.

다시 개폐되어야 할 한일협정

한일협정 체결 30년을 맞은 1995년 당시에 김영삼 정부는 태생적으로 군사정권의 연장선상에 있는 정부였다. 그럼에도 불구하고 재야에서는 굴욕적인 한일국교 1965년 조약를 청산해야 한다는 소리가 높아졌다. 특히 재일교포의 처지는 1945년 이래 한국정부의 방관 방치와 교포정책의 무책임한 자세와 친일파를 주일대표나 관계요로에 배치함으로써 재일동포에 대한 무성의한 정책을 그대로 드러내고 있었다. 재일동포는 협정체결 후에는 협정이 잘못되었기 때문에 고통을 당하고 차별과 천대를 받아 왔다. 사할린 동포는 지금까지 버려진 채 방치되어 왔다. 사할린 출신 작가인 이희성이 쓴 사할린배경의 작품을 눈물없이 볼 동포가 있을까? 여기서 꼭 짚고 넘어갈 것이 있다. 일제패망 이후 정부가 수립되었으면 일제로부터 당한 피해사실을 역사적 및 법리적으로 연구하고 그 자료를 수집 정리해야 한다. 그러나 친일파가 주역인 정부는 자기들 친일파의 죄악이 곧 일제가해행위의 공동정범이 되어 있기 때문에 의도적으로 그러한 작업을 기피 내지는 방해해 왔다. 역사학에서도 재일교포 역사학자 박경식의 《조선인 강제연행의 기록》未來社같은 실적을 좌익으로 몰아 애써 외면한 자가 누구인가? 박경식의 저서 《일본제국주의의 조선지배》같은 저작도 1986년에 국내에서 출간되었지만청아출판사, 청아신서 금서 취급을 당했다.

1995년 한일협정 체결 30주년을 맞아서 잘못된 협정에 대해서 더 이상 방치할 수 없다는 여론이 들 끓기 시작했다. 당시의 한일협정 개폐문제로 이미 필자는 문제제기를 했었고한상범, "한일협정 분석결과 드러난 문제점", 반민족문제연구소 주최 심포지움, 1995.3.1, 시사잡지에도 발표했다.한상범, "한일협정 뜯어 고치자", 시사저널 1995.6.29; "한일조약 다시 맺자", 한겨레21 제81호, 1995.10.26.

한편 당시에 한일협정 개정을 촉구하는 단체로서 "한일 과거청산범국민운동본부"가 발족되어서 활동하게 된다. 1996년에 이 단체 주관으로 한일협정 개정을 위한 개정요강 발표대회가 있었다. 필자는 이 대회에 참여하여 개정

시안을 발표했다. 한일과거청산 범국민운동본부 창립 1주년 기념, 〈한일협정

개정안〉 발표 및 공청회, 1996.7.26 오후 1:30~6:30, 세종문화회관 대회의실. 나는

특히 한일기본조약부터 근본적으로 개폐해야 할 것을

제의했다.

1997년 1월 김영삼 대통령이 일본방문을 앞두고 한국

프레스센터에서 특별회견을 하였다. 여기서도 나는 한일

국교의 정상화를 위해서 1965년 조약의 재검토를 제의했

다. 한상범, 〈한일관계 시민토론 기조 발제 : '바람직한 한일관계를 위한 기본조건 -

대통령의 방일에 부쳐〉 1997.1.22. 10:00 과거청산국민운동본부 주최. 물론 그러한

제의는 반영되지 못하고 외무부에 의해 묵살되었다.

그 이후 김대중 정부 하에서 1998년 김대중 대통령이

방일을 앞두고 일본기자와의 회견에서 이 문제를 제기하

여서 일본의 언론 및 학계에서도 주시하는 바가 되었었다.

그러나 우리 외무부는 일관되게 이 문제를 묵살하는 자세

로 나갔다. 그럴 수밖에 없는 것이 밀실 흥정의 주역인

김종필이 총리로 있는 정부였으니 자체 한계가 있었다.

그 이후 나는 월간 〈순국〉이란 잡지에 이 문제를 두

차례나 발표하였다. "1965년 한일협정의 문제점과 그

개정방향"1997년 9월호, "1965년 한일협정 왜 개정해야 하

나?"2000년 6월호를 발표하였다. 그런데 이러한 나의 문제제기가 일본 시민운동단체에서 주목하게 되었다. 그래서 2001년 12월 15일 일본시민단체인「답책회의沓責會議」초청으로 일본 도시샤대학同志社大學에서 "인간의 존엄과 바른 한일관계의 수립- 한일협정 왜 개정해야 하나?"라는 주제로 강연을 했고, 그 후에 2002년 나는 국내 학술지에 이를 정리하여 발표했다."한일협정(1965년) 왜 개정해야 하나?", 아태공법 연구 제10집, 2002.2.

여기서 나는 한일협정1965이 개정되어야 할 이유로서,

1) 그 동안 국제정세의 변천과 한반도 주변정세의 변화

2) 그에 따른 한일 두 나라사이의 관계도 크게 변하였고

3) 특히 한일 양국은 당시 한국의 군정이 정통성을 결여해 월남전으로 궁지에 몰린 미국의 압력으로 졸속 타결에 몰렸던 점과

4) 지금은 일본이 북한 측과 수교를 앞두고 있기 때문에 전반적 검토가 필요하다고 보기 때문이란 것이었다. 결국 잘못된 내용을 더 방치할 수 없다는 점이다.

　한일 두 나라 정부가 당면한 과제는 즉시 한일협정
문서를 공개하고 필요하면 백서를 발간하여 두 나라
국민과 세계 평화애호 국민에게 사과 사죄해야 한다.
아울러 두 나라 정부가 그에 따라 시정조치를 할 것에
대한 성의 있는 외교교섭을 하라.

피해당사자와 유족 시민단체 및 정당에 대한 주문

현재 일제하 강제연행의 피해자와 그 유족은 현행 법령에 따른 구제절차를 밟게 되어 있다. 그런데 그것만으로 모든 피해자에 대한 적절한 구제와 보상조치 등이 마무리 지어질 수는 없다. 따라서 이제까지 강구해 온 소송 등 법적 대응이 계속해 진행되겠지만, 그 밖에 정부의 적절한 입법조치의 강구가 한일양국 정부간의 외교적 보완조치와 병행하여서 조속히 강구되어야 한다.

우리는 무엇보다 이승만 정권과 군사정권의 잔재를 청산하고 그 정권이 남긴 모든 피해자의 상처를 치유하는 데 최선을 다해야 한다.

이승만 정권이 모든 국민을 전제군주시대의 "우민"으로 내려다보면서 다루었다면, 군사정권은 모든 국민을 "이등병"이란 명령대상의 객체로 취급해 왔다. 결국 그러한 권력행사는 나라와 사회를 "병영화兵營化"시켰고 그것은 "감옥화監獄化"를 통해 가능했다. 군사정권 시절을 살아보지 못한 사람은 실감하기 어렵겠지만, 국민이 일생생활속에서 당하는 고통과 부담은 실로 어둡고 괴롭고 두려운 나날이었다. 그 정권유지의 일상수법은 계엄통치와 같은 강권지배와 정보공작 감시 밀고체제라는 암흑사회화로 특징지을 수 있었기 때문이다. 군사정권은 박정희 부류나 신군부인 전두환 노태우 부류나 모두가 그 핵심의 주역은 〈정보장교〉들이었다. 박정희는 정보장교이고 여순사건 연루자로 불명예제대된 신분에서 육군정보실 무급문관 軍屬-軍務員이었다. 김종필도 정보실 소속장교였다. 전두환과 노태우가 보안사령관을 역임한 정보장교 출신임은 다들 알고 있다. 신군부에선 군정보기관인 보안사령부機務司가 정치공작의 주역이 되었다. 보안사령부에서 소위 밑의 계급인 "준위准尉"출신 이 아무개가 군정의 정보공작실무 지휘자였고 그가 후에는 국회의원까지 해먹은 판국이니 할 말이 없을 것이다.

지금 우리가 한일협정의 잘못된 과거의 흔적을 지우고 그 상처를 치유코자 하는 것은 다름 아닌 민주화를 위한 개혁의 주요 일부이기 때문이다. 바로 그렇기 때문에 개혁 반대의 구부패기득권 부류는 결사적으로 반발 반대하고 나서고 있다. 그들은 친일파부류와 맥을 함께 하고 있는 이 사회의 이른바 〈유지〉이고 〈명망가〉이며 〈사회의 원로〉로 까지 자처하는 기득권층이다. 실제로 그 부류는 요직에 포진한 실세로서 명예와 명망을 비롯해 돈과 지위 등 온갖 기득권을 틀어 쥐고 있다. 한편 일제시기로부터 독재시기를 거친 피해대중인 별 볼일없는 대중의 처지는 어떠한가? 그들은 일제 압제와 독재의 피해자이고 이 사회에서 불우한 처지에서 항상 응달에서 살아온 사람들이다. 그래서 이 개혁의 과정은 일제와 독재하의 투쟁 못지않게 고달프고 외롭기 까지 하다는 것을 알아야 한다.

피해대중인 개혁을 요구하는 주체는 스스로가 단결하여 힘을 모아야 한다. 개혁은 점잖은 소풍놀이 같은 것이 아니다. 개혁을 반대하는 세력의 온갖 반대에 대한 목숨을 건 대결이고 투쟁일 수 밖에 없는 하나의 또 다른 시련의 길이다. 그렇지만 우리는 이 길을 반드시 가야한다. 그래야만 우리가 바라는 세상으로의 길이 트일 수 있기 때문이다.

박정희는 왜 한일협정을
졸속 타결로 몰아갔는가?

먼저 알아 둘 일 :

대일 관계에서 미군정과 친일파의 유산

1945년 8월 15일 일본 제국주의가 연합국에 항복을 공식 선포한 후 미국 군대가 일본과 조선에 상륙해 실제로 통치권을 장악한 것은 9월 이후의 일이다. 그동안 몇 주간의 공백기를 이용해 일제 지배층은 자기들에게 불리한 문서 등 제반 증거를 파기·소각·인멸하는 데 혈안이 되었다. 이때 일본과 조선의 하늘은 주요 기밀문서, 기타 증빙 자료가 될 만한 물건을 소각하는 연기로 뿌옇게 흐리고 재가 날렸다.

일제하에 조선총독부 산하 조선사 연구기관의 조선인 친일역사연구원인 이병도 등은 해방 후에 국립 및 사립대의 교수가 되어서 한국역사학계에서 주도적 역할을 해왔다. 그러한 한국 역사학계에 숙명처럼 드리운 장막을

걷어치우며 새로운 인식에 전기를 마련한 것은 1980년대에 새 얼굴의 연구자가 전 6권으로 펴낸 『해방전후사의 인식』송건호 외, 한길사, 1979과 그 후에 나온 『한국근대사』강만길, 창작과비평사. 1984 『한국현대사』강만길, 창작과비평사.1984가 아닐까?

해방 전후 일제 패망을 앞둔 시기 친일파의 동향과 해방 후 친일파가 재기에 이르는 가려지고 숨겨진 한국 현대사의 중대 국면을 조명해, 우리가 지나쳐 버린 일제 패망 전후의 발자취를 친일파의 그것과 함께 좀 더 명확하게 규명할 필요가 있다고 나는 새삼 강조한다.

특히 일제 패망 후 한국에 거주하던 일본인의 재산에 주목해 보자. 귀국할 당시에 일본인의 부동산은 미군정이 적산으로 몰수했다고 치자. 그러면 동산인 금전 · 귀금속 · 골동품 · 서화 보물 등은 누구에게로 돌아갔는가? 친일파가 그것을 보관하거나 사유화했으리라는 것은 다들 알고 있다. 그리고 그 재물의 경제적 위력이 그대로 동면을 한 것이 아니라 친일파 세력의 물적 기반이 되었다는 것도 억측이 아니라 사실이다. 이 점을 밝혀야 하지 않겠는가?

그러면 왜 이런 말을 여기서 하는가? 무엇보다 정부가

세워졌으면 그 정부는 일제 잔재 청산을 위한 제반 작업과 함께 일제가 침략과 식민지배 과정에서 자행한 사실에 대한 증거자료를 정리해서 국교 재개에 대비하는 것이 당연했다. 그러나 「반민족행위처벌특별법」시행을 좌절시킨 친일파는 일제보다 한술 더 떠서 일제 식민지 문제를 방치하였고, 일본 등지의 해외 동포를 유기·박대해 왔다는 사실이 새삼 확인되어야 한다. 한국 정부가 한일협정에 임하는 자세는 시작부터 엉성하게 구멍 뚫리고 잘못되어 있었다. 정부의 체면이나 국민의 눈초리를 의식해서 일본 대표인 구보다의 망언에 항의하여 교섭이 중단되기도 했으나, 실정은 아주 복잡했다.

여기에 알짜배기 친일파인 박정희가 등장해 한일협정이 일본의 군국주의 지배층이 의도한 방향으로 강행·타결되는 치욕의 역사가 전개되었던 것이다. 박정희는 4·19혁명으로 부정 축재의 부패 구조를 청산하려던 시기에 쿠데타로써 이를 뒤집어엎고, 오히려 일본 독점자본 예속구조를 세우려는 부패 재벌을 주축으로 매판적 예속적 경제체계를 강화해 나간 것이다.

근대 100년의 미일 유착과 한국의 비운

결국 박정희 정권은 미국과 일본이 합작해서 몰아가는 과정에서 자기 약점을 앞가림하여 살아남기 위해 허둥지둥 미국과 일본이 애초에 그려 놓은 각본대로 한일협정을 졸속으로 체결하고 말았다. 그러한 미일 합작의 야합은 처음이 아니었다. 1876년 강화도 조약으로 개항한 이후 100년 동안 우리가 미일 두 나라로부터 당해 온 미묘한 처지를 주시해야 한다.

일본의 도쿠가와 막부가 1853년 미국 페리 함대의 함포외교 앞에 손을 들고 개방하여 불평등 조약을 체결하게 된 것은 서양 제국주의의 힘 앞에서 비서방 나라가 당하는 운명이기도 했다. 그런데 일본의 도쿠가와 막부는 1840년대 아편전쟁에 대해 나가사키의 홀렌드네덜란드 상관을 통해 자세한 정보를 듣고 있었다. 당시에 그들은 스스로 무력 방어가 불가능하다는 것을 인식했고 결국은

개항에 이른다. 그 후 일본은 막부정권이 몰락하고 명치
메이지유신이라는 왕정복고로 근대국가 체제를 정립하면
서 사태를 수습해 나가게 되었다.

　일본은 서양 문물에 일찍이 적응한 기민성과 서방
제국주의 열강이 극동에 힘을 쓸 겨를이 없는 힘의 공백
기간을 효과적으로 이용하여 서양의 산업 문명과 군사기
술을 도입하고 제국주의 국가 체제를 모방·도입함으로
써 청나라와 조선을 앞섰다.

　1840년 아편전쟁 이후 각 서양나라의 사정을 보자.

　프랑스의 1848년 2월혁명을 시발로 유럽 각국은 혁명
의 열기로 진통을 겪게 된다. 1850년에는 외래 제국주의
와 봉건왕조에 대항한 태평천국의 민중 봉기가 개시되어
청조가 위기를 맞는다. 그런데 청조의 몰락은 서방 제국
주의가 바라는 바는 아니어서 영국 등이 청조의 봉기
진압에 협조한다.

　영국 제국주의는 인도의 세포이 반란1857~1859과 함께
내외의 분쟁과 분규로 바빠지게 되었다. 미국도 1860년
남북전쟁 발발로 극동에 여세를 미칠 수 없게 되었다.
특히 1870년대는 보불전쟁과 파리코뮌, 독일제국의 성립

과 프랑스3공화정 출범 등 독일과 프랑스가 내정 정비에 바빴다. 러시아 제국은 시베리아 남진을 개시하지만, 1877년에는 터키와의 전쟁에 말려든다.

여기서 일본은 미국과 영국 양대 제국주의를 대신해 극동에서 유일한 쇄국의 나라 조선을 개방시키기 위해 함포 외교를 감행하였다. 그 이후 영미 제국주의를 대변해 러시아의 남진을 저지하는 러일전쟁을 치러 내면서 조선의 식민지화를 영미 지원하에 수행했다. 여기서 구체적 사례를 보자.

1876년 강화도조약과 미국의 일본 지원 : 미국은 일본이 1875년 조선 원정 함대를 편성해 출정할 당시 페리 함대가 도쿠가와 막부를 개방시킨 전술을 지도해 원정기 책자까지 증정했다. 일본 제국은 극동에서 영미의 헌병보조원으로서 조선을 개방했다.

1894년 조선 침략과 갑오농민군 토벌에 대한 영미의 후원 : 갑오농민봉기는 농민전쟁이고 중국의 태평천국군 봉기에 해당한다. 영국은 태평천국군 진압 평정의 경험을 통해 반제국주의와 국내 혁명 세력의 위험을 충분히 감지 예측하고 있었다. 그래서 청일전쟁에서 일본 편에 서서 주변 정세를 조성해 주었다.

1900년 중국 의화단 봉기에 참전한 일본제국군 역할에 대한 평가 : 영미 제국주의는 중국 의화단의 반제국주의 운동의 위험성을 우려하여 일본제국 군대의 역할을 높이 평가하고 영미제국의 극동 지역 헌병보조원 역할에 공감해 일제를 신뢰하게 된다.

1904년 러일전쟁에서의 영일동맹과 미국의 일본 지원 : 러일전쟁은 일제가 영미를 대신하여 극동 헌병보조원으로서 치른 대리전쟁이었다. 그래서 결국 조선의 식민지화를 영미제국은 양해했다.

미국정부는 1905년 가쓰라-태프트 밀약에 의해 일본 제국주의의 한국식민지화에 제일 먼저 손을 들어 주었다. 미국은 한국이 일본의 보호국이 되자 다른 나라에 앞서서 공관을 철수시켜 일본 제국의 침략을 기정사실로 정당화시켜 주었다.

그 후에 1919년 윌슨의 민족자결 원칙도 아시아 민족의
자결은 아니었다. 미국과 영국이 일본과 대립하여 전쟁으
로까지 간 것은 만주와 중국 문제 때문이었다.

일본 패전 후에 전범재판에서는 1928년부터 문제를
삼았기 때문에 한국에 대한 침략과 식민지 문제는 배제되
어 한국 침략의 죄과에 대한 재판은 이루어지지 못했다.
그 후 1951년 샌프란시스코 강화조약을 체결하는 자리에
한국은 초청조차 받지 못했다. 미국과 일본이 일방적으로
한국 문제 처리 조항을 조약에 규정했다.

특히 1949년 중화인민공화국 수립 이후 미국은 한국전
쟁을 거치면서 일본의 군사국가화를 추진하고 월남전에
이르기까지 일본을 후방병참기지 전선 최고사령부나 보
조지원기지로 삼아왔다. 1960년대 월남전에서는 전쟁
부담으로 인해 일본과 한국을 군사 동맹으로 묶어 미국

아래에 두려는 전략으로 한일 국교 타결을 강력하게
요구하게 된 것이다. 여기에서 한일국교 타결의 졸속
문제가 발단되는 것이기도 하다.

박정희는 왜 한일협정을 졸속 타결로 몰아갔는가

박정희 쿠데타의 숨겨진 의미 :
5·16 쿠데타는 한국의 친일 지배구조가 파국 위기
에서 돌파구를 찾는 반동조치

　박정희가 한일국교 타결을 졸속 강행한 동기와 이유는
5·16쿠데타의 실체를 구명하는 데서 실마리를 찾을 수
있다.
　먼저 1961년 5·16쿠데타는 1960년 4·19혁명을 정면
으로 부정 압살한 반혁명·반동이라는 점을 분명히 하여
야 한다.
　그러면 4·19혁명의 의미는 무엇인가? 흔히 '반독재
민주혁명'이라고 한다. 그것은 4·19를 추상명사로 표현
하는 말은 될 수 있으나, 4·19의 민족사적 의미를 구체적
으로 부각시키지는 못한다. 4·19는 일제가 물러간 자리
에 대신 들어온 친일파 부류가 자신의 정당성 결여와

반민족 및 반민주성을 호도 은폐코자 행한 매카시즘의 폭정에 희생당한 피해대중과 양심적 지식인·학생이 친일파에 대항한 민족적 분노의 폭발이었고, 민주화를 통해 민족적 활로를 개척하고자 한 대중의 항거이자 궐기였다. 특히 이승만 정권의 폭정으로 인한 피해대중을 대변한 청년학생의 혁명이기도 했다.

그래서 4월혁명은 친일 반민족 세력의 청산, 매카시즘 피해자들의 명예회복과 민족 자주에의 길을 모색한 통일운동으로 나타났다. 여기에 최대의 위기를 느끼고 불안해하면서 대처 방안을 찾지 못해 허둥대고 있던 것은 친일파였다. 바로 매카시즘으로 연명해 온 친일파부류의 운명이 종말로 규정되는 역사적 순간의 도래였다.

매카시즘의 주체이고 실행자이며 집단학살의 책임주범들은 그 정체가 드러나게 됨에 따라 궁지에 몰리고 있었다. 박정희는 여순사건 당시 남로당과의 연루로 군사재판에서 사형을 면하는 대가로 밀고와 배신행위를 했다. 그는 1950년 전쟁 발발 전까지 육군 정보기관에서 보도연맹원 처리를 구상했다고 한다. 이 사실은 부친이 보도연맹원이라는 이유로 죽임을 당한 제주도 출신 교육자

이도영이 미국 공문서를 통해서 밝혀낸 것이다.

국민보도연맹원에 대한 집단 학살은 누구의 명령 또는 지시에 의한 것이냐? 이에 대한 문제는 앞으로도 끊임없이 논의될 쟁점이다. 그런데 김기진이 지은 『끝나지 않은 전쟁:국민보도연맹』역사비평사, 2002, 327쪽을 보면 미국에서 비밀 해제되어 공개된 문서에 의하면 그 최고 최종 책임자로 이승만이 부각된다. 그것을 기획하고 건의한 것이 누구인가 하는 것도 결국 이승만과 친일파 정권의 작품이고 그들의 책임이라 하는 것이 나의 결론이다.

박정희 일당이 5·16쿠데타 직후에 취한 조치는 반공국시 1호를 내세워서 민주 민족 통일 운동과 노조와 혁신 운동계의 인사와 단체를 모조리 탄압·검거한 것이다. 특히 피살자 유족회 활동을 용공으로 몰아서 개인이나 단체를 탄압·처벌하고, 추모비나 위령비조차도 깡그리 부숴버리지 않았는가?

여기서 5·16쿠데타로 눈을 돌릴 때에 남북이 대치하고 있었고 한국 군대가 미국 군대 산하에 있는 상태에서 어떻게 박정희의 쿠데타가 가능했는가, 더욱이 군인 3,000여 명의 군대로 중앙정부의 정권을 어떻게 쉽사리 장악할

수 있었는가 하는 점이다. 미국의 비호와 양해 또는 지원
이나 공모가 아니고 선 남로당 군사책으로 여순사건에서
유죄판결을 받은 전력을 가진 자가 쿠데타로 대통령까지
될 수는 없었다.

여기서 나는 제2차 세계대전 당시 미국 대외첩보국OSS
과 관련이 있고, CIA미국중앙정보국국장을 지낸 알렌 덜레스가
BBC영국방송협회방송에서 자기의 회고담으로 정보부 재임
시 성공한 공작으로 한국의 5 · 16쿠데타를 들은 것을
간접적인 기록으로 확인할 수 있었다.大江之乃夫, 「戒嚴令」, 岩波書店,
1978, 28쪽. 당시 케네디 정부는 박정희 쿠데타를 묵인하는
쪽으로 나갔다. 주한 미군 사령관이나 대사는 말로만
합헌 합법 정부를 옹호하는 듯한 발언을 하고 쿠데타를
기정사실로서 묵인했다. 그 후 박정희를 미국으로 초청하
여 결국 그에게 정식으로 법적인 승인절차를 밟는 의식을
치러 준 사실을 주목하지 않을 수 없다. 케네디는 월남의
고딘디엠이 미국 지시를 거역한다고 해서 제거한 장본인
이다. 미국 정보기관이 미국의 정책에 반하는 외국 정치
인을 방치할 정도로 물렁물렁한 기관도 아니고 그렇게
할 미국 대통령도 아니다.

당시 박정희는 방미 과정에서 두 가지 코미디를 연출해 웃음거리가 된다. 그는 미국으로 가는 도중에 일본에 일시 체류하면서 과거 만주괴뢰국 관동군 시절의 은사와 상관을 만나서 술자리를 베풀었다. 그로 인해 방미 일정에 차질이 생기는 것을 무릅쓴 것이다. 국제적 의례와 예의를 무시하고 과거 만군 시절 국군주의의 향수에 집착하여 바보짓을 함으로써 일본 제국주의자들에 대한 충성을 재확인한 것이다.

다음으로 박정희는 자기 눈초리와 눈동자를 색안경으로 감추기 좋아하는 음흉한 인간으로서 5·16쿠데타 당시의 사진에서 색안경을 낀 모습을 신문에서 볼 수 있다. 한 나라를 대표한다는 사람이 신사복 차림에 미국 육군의 전용 색안경을 끼고서 미국 케네디 대통령을 만나는 장면을 사진에서 보고 나는 실소했다. 케네디가 박정희의 그런 모습을 보고 얼마나 비웃고, 한편으로 불쌍하게 보았을까? 얼마나 무지하면 군용 색안경을 신사복 차림에 쓰고 또 얼마나 떳떳치 못하고 자신이 없으면 국빈으로서 다른 나라의 원수를 만나는 자리에 색안경을 끼고 나타나는 추태와 무례를 범했을까?

박정희는 한일협정 체결 전에 일본업자 돈 6천 6백만
달러를 꿀꺽

박정희는 한일협정을 교섭하는 와중에 일본업자로부
터 이미 6천 6백만 달러를 받아먹었다. 1965년 한일협정
으로 3억 달러를 받았으니, 박정희가 따로 몰래 받아먹은
6천 6백만 달러는 결코 작은 돈이 아니다. 이 사실도
미국 중앙정보부 기밀문건 공개에서 밝혀진 것이다. 민족
문제연구소 회원이 미국 공문서 보관소에서 소정의 공개
절차를 밟아서 밝혀낸 것이다. 1966년 5월 18일자 미국
중앙정보부CIA 보고서를 보면 박정희의 반민족 반민주적
행태가 여지없이 드러나고 있다.

"여기서 미국은 월남전으로 인한 부담을 덜기 위하여 일찍부
터 구상해오던 일본의 재무장과 미국을 주축으로 한 미일동맹과
미한동맹의 삼각체제를 일본의 인력과 재력을 동원하여서 꾸려

나가길 바라서 한일국교 타결을 강력하게 요구하게 된다는 말이 나온다. ……… 그리고 당시 박정희가 정보부를 통해 만든 민주공화당에 한국 기업으로부터 돈을 거두어서 대주는 사례도 일부 나온다."민족문제연구소, 「민족사랑」, 2004년 8월호, 13~15쪽 이하.

특히 박정희는 일본 정가의 막후 괴물로서 양대 인물인 세지마 류조瀨島龍三와 고타마 요시오兒玉譽士夫 두 사람과 밀접한 관계를 맺고 국정을 처리했다. 이미 만주 시절에 상관이었던 기시 노부스게 수상에게 인물 추천을 의뢰해서 자금 관리 업무를 맡긴 것은 일본에서 흘러나온 말이다.

박정희는 1961년 미국 방문 후 귀환 길에 일본에 들러서 기시 노부스게를 만나 부탁하길 "한국에는 믿을 만한 인간이 없어서 곤란을 겪고 있습니다. 선생께서 이렇다 할 인재를 추천해 주시지 않겠습니까? 그러면 장관급으로 대우해 드리겠습니다."라고 제안했다고 한다. 田原總一郞, 『日本の 戰後(上) 私たちは 間違つていたか?』, 講談社, 2003, 301쪽. 그에 따라 일본에서 삼대 괴물 소리를 듣는 문제아가 추천되었다고 한다.

박정희와 관계가 있는 고타마 요시오는 기시 노부스게와 마찬가지로 전범으로서 일본 극우의 거물이고 암흑가

56

의 실력자다. 그는 록히드 사건 때 일본 수상 다나카 카쿠에이와 연루되어서 그 실체가 폭로되어 세인의 주목을 받았다. 그는 일찍이 일제 해군 특무기관에서 장군 대우를 받으면서 중국에서 특수 임무에 종사하던 자인데, 패전 후에 그가 제공한 금은보석 등 귀금속을 재원으로 일본 자민당의 창당자금을 마련해 주었던 것은 이제 공지의 사실이 되고 있다.

그는 박정희와도 관계가 있었다. 세지마 류조가 이토추 상사의 장사꾼 브로커로서 무슨 일을 했는가 하는 것 이외에 고타마 요시오가 박정희와 무슨 일을 했는지는 더욱 비밀 장막에 가려져 있다. 다만 한국 정부의 수교훈장을 박정희로부터 받은 기록은 일본에도 알려져 있다.[초]

高信, 『前後企業事件史』, 講談社現代新書, 1994, 19쪽.

「다나카 가쿠에이 연구田中角榮研究」立花隆, 『田中角榮研究 全記錄』(上) (下), 講談社, 1982. 이 책(下)의 245쪽 이하는 'CIA와 고타마 요시오'라는 별도의 장으로 서술되고 있다. 이 글은 일본의 월간지 『文藝春秋』에 연재한 후에 講談社에서 단행본으로 출간되었다.란 글을 써서 다나카 수상을 실각시킨 다치바나 다카시에 의하면 고타마 요시오는 미국 중앙정보부CIA와도 관련이 있는 인물이다. 그 사실 일부가 이 글에 명확하게 적시되어 있다.

박정희를 둘러싼 미일의 국제 관계:

한일협정 졸속 처리의 사연

박정희가 한일협정을 졸속 강행 처리한 사연은 이제까지의 배경 설명으로 역사적 맥락의 윤곽을 살필 수 있을 것이다. 이 역사적 배경과 시류의 도도한 흐름 속에서 박정희와 그 정권이 어떻게 움직였는가를 보아야 한다.

우선 미국과의 관계에서 그는 미국의 도덕적 지원을 받되 확실하게 고리를 걸어 두어야 했다. 그것은 한·미·일 3개국 동맹 구도의 틀을 미국의 의도대로 충실하게 따르는 것이었다.

다음으로 박정희 정권은 미국의 월남전을 지원하여 참전하는 것이었다. 어느 것이나 박정희 정권은 미국의 의도와 요청에 따라서 충실하게 수행하였다. 그래서 박정희는 미국을 만족시키고 정통성이 없는 쿠데타 정권을 안정시킬 수 있게 되리라고 기대했다. 물론 박정희의 기대가 일부 충족되지만, 그의 개인적 야심에 미국측이 전적으로 동조할 것이라는 기대는 박정희의 오산임이 스스로의 몰락을 통해서 입증된다. 박정희는 국제관계의 이해 거래가 자신의 무자비함 이상으로 냉혹 무자비함을 통찰하지 못한 듯하다.

박정희는 일본 제국의 신민으로서, 특히 만군 중위로서 받들던 옛 일본상전과의 의리를 지켰다. 실제 그의 행적으로 볼 때도 일본 정신, 특히 명치유신과 소화유신의 정신은 그가 그리워하고 숭배해 마지않은 마음의 고향이었다. 그래서 그로서는 일본의 이익을 따르는 것이 하나도 이상하거나 부자연스럽지 않았다. 일본과의 공개적인 교섭이나 막후 거래에서 불편함이나 심각한 갈등은 거의 찾아보기 어렵다.

일본 극우 세력으로서는 다시금 왕년의 식민지 조선을 우선적으로 경제적 예속하에 둠으로써 '대동아공영권'의 꿈을 부활 실현시킬 수 있었다. 특히 당장 일본의 상품시장으로 한국은 군침이 도는 곳이었다. 이미 한국의 재벌 등 독점자본의 친일성은 시장진출에 길을 열어 놓고 있었다. 이 점은 1990년대까지 세지마 류조가 '한국경제인연합회'의 자문위원 자격으로 교류하고 있었고 한국의 일부 재벌 총수가 세지마 류조를 상전으로 모시고 있었던 것을 봐도 알 수 있다.

세지마 류조의 회상록에는 한국 관계의 장이 따로 구분되어 있다. 거기에는 아주 완곡하고 정중하게 표현하고 있지만, 한국 정·관·재계의 일본 수구 우익에 대한 유착과 예속의 실상을 들여다 볼 수 있는 서술이 그대로 보인다. 瀨島龍三, 『回想錄 幾山河』, 日本産經新聞社, 1995, 419~444쪽.

박정희는 정치자금이 필요했다. 이미 일본상사로부터 미리 받은 6천 6백만 달러 이외에 일본상사 등 외국 자본의 투자에서 구문 떼어먹기가 그의 자금원이 되어야 할 것은 당연했다. 이 점은 재미 기자인 문명자가 『박정희와 김대중』에서 비교적 솔직하게 말하고 있다.

지금 박정희 일가의 막대한 재산이 얼마나 그의 자녀들에게 상속되어 있는지, 있으면 얼마가 어떠한 소득출처를 통해서 조성된 것인지에 대해서 아직 공개된 적이 없는 것으로 안다. 다만 분명한 것은 그의 자녀들이 각자 사업을 해서 번 돈이 아닐 것이라는 사실이다.

박정희 청산 작업은 끝나지 않았다

한일협정 이면 교섭의 비밀은 지금 외교부 문서의 일부 공개로 딱지를 떼었다. 그러나 이것은 시작에 불과하다. 그리고 그것으로 모든 것이 밝혀질 수는 없다. 가려지고 숨겨진 사실은 영원한 비밀로 남겨질지 모른다. 그러나 공적인 사항과 관련되는 것은 철저하게 계속해 추궁하여 규명되어야 한다.

김종필은 당시 중앙정보부 부장이자 대통령 특사로서 한일 국교 막후 교섭의 실권자였다. 그는 공언하길 '제2의 이완용'이 될지라도 협정을 타결 짓겠다고 했다. 왜 이토록 집념과 집착이 강했는가?

한일협정으로 경제부흥을 이룩했으며 경제 발전이 박정희의 개인 공로인 것처럼 신격화하고 날조하는, 박정권 시절에 출세하고 벼락부자가 된 무리가 있다. 그들은

박정희는 왜 한일협정을 졸속 타결로 몰아갔는가

박정희의 위대함을 목이 터져라 외쳐 댄다. 그러나 박정희의 경제개발 청사진은 이미 장면 정부에서 마련한 것을 일부 무단 복제 표절해서 변조시킨 것이다.

그들 군정 실세가 마구잡이 화폐개혁을 한 무지막지한 처사에서 보듯이 박정희 정권은 경제를 총칼로 처리하며 몰고 갔다. 이는 일제가 전시체제하에서 해온 전례를 따른 것으로, 재벌과 군벌과 관료의 입에 먹이를 욱여넣고 국민을 착취 수탈하여 알거지로 만드는 칼춤놀이의 전체주의적 경제체제이고 히틀러식 경제 매카니즘체제였다.

나는 일본 패전 후 군벌로서 총리대신을 역임한 도조 전범의 가택수색 과정에서 미군 헌병이 벽돌장 같은 금덩이를 소형 트럭에 한 차 가득 압수해 가던 뉴스사진을 아직도 잊을 수 없다. 그들은 개인 일가의 부귀영화의 절정에서 사치·호화·방탕하면서 국민에게는 고통을 참고 굶주림 속에서 일을 하며 목숨을 바치라고 떠들어 댄다. 이 사실을 왜 그리 잘 잊어버리고 도조를 영웅으로 추앙되는지 일본사람을 이해할 수 없다. 박정희 미화나 신격화 문제도 마찬가지다. 우리 경제성장을 평가하면서

농민과 노동자의 희생과 노력, 기술자와 경영 일선에서
인한 근로대중의 공로를 뒷전으로 돌리고 박정희의 '공로'
로 포장하는 심보를 알 수 없다. 누구든지 총칼로 명령하
는 경제를 해 나가라고 하면 아이들도 대통령 노릇을
하고 남을 것이다. 박정희 경제체제는 주로 일부 재벌만
을 살찌게 하는 것이었다. 그것이 잘하는 것이라면 나치
의 히틀러와 일제 군국주의자 도조가 이미 해온 일이다.
그들이 바로 박정희의 선생 격이다.

칼자루로 위협하는 명령경제로 재벌을 살찌운 것이
그리 대견한가?

한일협정의 이면과 그 허점이 하나씩 드러나면서 이미
1965년 교섭시에 일본 정부가 "징용자 명부가 없다"고
거짓말을 하였고, 우리는 일본 측에 속아서 협정을 맺었
다고 보도되고 있다. 정말로 우리 정부는 그 정도도 몰라
서 속았는가? 징용·보국대·정신대 등의 명부나 증빙서
류 자료는 그것을 꾸미는 데 충성스럽게 심부름한 친일파
관리들이 너무나 잘 알고 있을 것이다. 그 친일파 관리들
은 일제 상전 밑에서 충성을 다 하면서 일제가 망하던
날까지 행세를 해왔다. 해도 너무한 것이 아닌가? 나는

근자에 한국의 당대 석학이고 학술원 회원에다 모든 영예를 안고 있는 이의 엄청난 친일행적의 기록을 보고 다시 한 번 놀랐다. 어찌 그렇게도 오래도록 숨기며 살아 올 수 있는가?

박정희 정권의 친일 반민족성은 원죄처럼 우리 민족에게 부담을 안겨주고 있다. 이제는 털어 버릴 때다. 한일협정 문제도 그중 하나다. 첫째, 사과 사죄나 침략경위도 명시함이 없는 굴욕문서인 것을 시정해 한일의 새로운 관계정립의 기본을 세워야 한다. 둘째, 개인의 권리를 양국 정부가 자의적으로 박탈한 법리에 반하는 탈권행위가 시정되어 권리회복조치가 수반되어야 한다. 셋째, 협정내용에서 빠진 사할린 동포 유기와 성노예 제도 사죄보상 및 징병·징용 등 보상 조치도 사죄와 함께 조속히 강구되어야 한다. 넷째, 1965년으로부터 50년이 흐르면서 일본과 한국 및 북한 등의 관계가 사정변경으로 새로운 대응이 필요하게 된 점을 추가 보완하여 동북아 평화 안정과 한반도 통일에 차질이 없도록 배려해야 할 것이다.

바로 이와 같은 이유 때문에 우리는 한일협정을 돌아보

면서 박정희의 잘못된 유산을 청산하여야 하는 것이다.
박정희 신화의 허구를 똑바로 보아 그 허깨비에 속지
말아야 한다. 허깨비는 역시 스스로 허해서 생기는 병인
허깨비일 뿐이다. 박정희 억압 체제가 남긴 더러운 유산
을 청산하는 데 좀 더 과감하고 당당해야 한다.

한일 기본 조약

왜 굴욕외교라고 지탄받았는가?

　1961년 쿠데타로 집권한 군사정권이 미국의 지원 아래 한일 국교정상화를 위해 일본정부와 이른바 한일협정을 서두르고 있을 때, 지식인과 학생을 비롯한 각계에서 '굴욕외교' '매국외교'를 반대하는 운동을 전개하였다. 그런데 당시 막후 비밀외교의 주역인 김모씨는 자기는 '제2의 이완용'이 될지라도 한일협정은 성사시키겠다고 공언했으며, 결국 국민의 열화같은 반대를 무릅쓰고 1965년 협정을 체결하기에 이르렀다.

　일본제국주의가 1876년 강화도조약을 체결한 이후, 온갖 무력적 만행으로 내정에 간섭, 마침내는 1905년 을사조약을 거쳐서 1910년에 강압적 '합방'에 이르고, 그 이후 1945년 연합국에 대해 무조건 항복하고 한국에서 물러갈 때까지 강점·착취·수탈하면서 온갖 만행을 저질러 왔으면서도 아무런 사죄의 언급도 없었다. 따라서

한
일
기
본
조
약

협정의 내용인 한일기본조약은 '강화조약'도 아니고 정상적 국교를 수립하는 '통상조약'도 아닌 어정쩡한 이상한 조약이 되고 말았다.

일본은 포츠담·카이로선언을 받아들이면서 연합국에 대해 무조건 항복을 한 후 전쟁범죄에 대한 재판을 하였고, 1951년에는 전후처리를 마무리하는 샌프란시스코 평화강화조약을 체결했다. 그런데 도쿄전범재판에서 조선강점에 대해서 한국은 당사자로 참여하지 못했고, 샌프란시스코 조약에서도 우리는 초청받지 못한 가운데 한국에 대한 조항이 처리되었다. 미국이 주도하는 대일조약에서 한국은 당사자로서 대접받지 못하였다는 것을 뜻한다.

미국은 대한민국 임시정부를 국제법상의 교전단체 정도로도 인정하지 않았던 것이다. 그러한 사정이 종전시기까지 필리핀을 식민지로 영유한 미국과 인도, 버마, 말레이시아 등 동남아에 식민지를 영유한 영국제국주의 사정으로 대한민국 임시정부를 공식적인 교섭 상대방으로 인정하는 것이 곤란했다고 하는 것을 인정해도, 해방 이후 전개될 일본과의 관계에서 볼 때 지나치게 미국

이해 일변도로 한국이 처우되고 있었다는 것을 알 수 있다. 물론 여기서 러일전쟁 후 카쓰라·태프트 밀약의 흥정에서 한민족의 운명이 결정된 과거를 보듯이, 국제관계가 국가이해라는 냉혹한 논리에 따라 결정된다는 것을 잘 알 수 있다.

침략자이고 엄연한 가해자로 국제사회에서 공식적으로 단죄된 상대방과 국교를 회복하려 할 때, 침략의 피해자인 당사자로서 독일과 이스라엘, 독일과 폴란드를 예를 들 것 없이, 4년여 동안 강점한 일본과 필리핀이나 일본과 인도네시아 같은 나라만큼도 공정한 처우를 받지 못한다고 하는 것은 민족적 자존심이 허락하지 않는 일이다.

이제까지 일본의 지도층은 한 번도 진심으로 그들의 침략과 가해에 대해 사죄한 적이 없다.

전두환 대통령 당시에 일본 군주 히로히토가 공식 만찬 석상에서 한일 양국민 사이의 과거 역사에 대해 '통석의 념'을 금할 수 없다고 하는 알쏭달쏭한 말로 얼버무렸던 개운치 않은 기억이 있다. 호소카와가 총리였던 당시에 좀 더 솔직하다고 할 유감 표명이 있었지만 일본의 우익을 비롯한 기득권 세력의 반발은 강했다. 이것이 아직도 일본과 우리 사이의 건널 수 없는 강이다. 구체적으로 일본군 위안부를 비롯한 전쟁피해자에 대한 사죄와 배상에 대한 문제가 아직도 숙제로 되어 있다. 그런데 군사정권에 의한 한일협정 전반은 우리의 민족적 자존심을 훼손했고, 아울러 우리가 응당 찾아야 할 것까지도 스스로 포기해 버리는 반민족적 굴욕의 협정이 되고 만 것이다.

일본 제국의 침략과 사죄가 전혀 무시된
기본문건

한일기본조약은 일본이 한국과 한민족에 대한 불법적 강점과 만행을 시인하고 그 법률적 청산을 하는 것을 전제로 한 국가 사이의 합의이어야 했다. 국제조약상으로 그 종별을 따지면 '강화조약에 해당해야 될 것이다. 1910년 일본제국과 대한제국 사이에 '합방'조약이 체결되었다고 해도 그 자체가 강박과 기만에 따라 이루어졌던 것이고, 그 당시에 일부 지배층 관료나 군주가 시인했다고 해도 민족적으로 인정한 바가 없다. 나아가 대한제국의 황실이나 그 관료의 통치는 이미 민족을 배반한 것이어서 정통성을 상실했으며, 그 후의 구국과 독립노선이 민주공화제의 입국 노선으로 된 것에 주의해야 한다. 결국 우리 민족은 과거나 현재나 일본제국주의 침략의 불법성을 들어서 그 지배를 부정해 온 것이다.

한국정부는 건국 이래 헌법에서 대한민국 임시정부의 법통을 계승한다고 강조해 왔다. 대한민국 임시정부는 1941년 망명정부로서 엄연히 일본제국주의에 대해 선전포고를 했다. 그리고 건국강령1941에서 일제의 불법강점의 부당성을 전제로 해 일제 식민지 기관의 지배구조의 청산과 부일 반역자의 처벌을 명시하였다. 그렇다면 한국정부는 대한민국 임시정부의 법통을 계승하는 정신에 따라서 한일 국교정상화에 임해야 했을 것이다. 그러나 실제는 '굴욕외교' '매국외교'라고 지탄을 받았듯이 정반대였다.

이 점은 우선 한일기본조약 자체에서 잘 나타난다. 이 조약 전문을 읽어보면 분통이 터질 것이다. 세상에 이것을 가지고 한일 국교를 정상화하기 위한다고 하니 말이 안나온다. 일본제국주의 40년의 지배를 한마디 유감의 표시도 없이 공식적으로 양국의 정부가 마무리한다고 하니, 우리 피해 당사국으로서는 물론 가해국의 양심 있는 모든 사람들이 그 부당성을 지적하고 나선 것은 우연이 아니다.

한일기본조약은 이른바 '한일협정'으로 불리는 여러

조약들 중에서 가장 상위에 위치하는 조약이다. 한일 조약들 중에서 헌법에 해당하는 문서이다. 따라서 이 조약에서 무엇을 어떻게 정했는가에 따라 다른 조약들의 내용이 정해진다. 우선 이 조약을 보면 전문과 7개조로 구성되어 있다. 먼저 한일기본조약의 근본적인 성격을 보여주는 전문을 볼 때, 전문 자체가 잘못되어 있다. 여기서 다른 것은 고사하고 1951년 일본이 연합국들과 체결한 샌프란시스코 조약과 비교해 보자.

샌프란시스코 조약 전문은 4개의 절로 구성되어 있다.

먼저 제1절에서는 연합국과 일본이 전쟁상태를 종결하고 평화조약을 체결해야 할 것을 서로가 희망하고 있다고 하는 것이 전제로 제시되고 있다.

제2절에서는 전쟁과 침략의 당사자인 일본이 항복 후의 민주화 조치를 통해 국제사회의 일원으로서 책무를 다할 것을 노력하며, 또한 명백한 실적을 보일 때 비로서 그 성의를 객관적으로 인정할 수 있다는 것이다.

제3절은 위에서 언급한 그러한 노력과 실적을 표시하는 일본국의 의사를 연합국은 환영한다는 수락의 표시를 하고 있다.

끝으로 제4절에서는 바로 그러한 경로에 따라 연합국과 일본은 평화조약을 체결하기를 결정하고, 그에 따라 전권위원을 임명하고 그 위원이 절차에 따라서 이후의 규정을 협정한다고 정했다.

순서로 보아도 기승전결起承轉結의 구조로 되어 있다. 그런데 40년을 강점하고 온갖 만행을 저질렀던 일본제국주의와의 관계를 청산한다고 하는 마당에서, 한일기본조약은 샌프란시스코 조약 전문의 2절과 3절에 해당하는 것은 생략된 채, 양국의 이해에 따라 전권위원을 임명하여 그들이 소정의 절차에 따라 조약에 합의했다고 정하고 있다. 여기서 구체적으로 전문 첫머리를 보자.

> 대한민국과 일본국은 양국 국민간의 역사적 배경과 선린관계와 주권 상호 존중에 입각한 양국 관계의 정상화에 관한 상호 희망을 고려하여……

여기서 한일간의 제국주의적 지배관계를 청산한다고 하는 명백한 의사 표시는 어디에도 없다. 다음 절에도 샌프란시스코 조약에서와 같이 역사적인 경위와 일본국의 성의있는 노력과 조치에 대한 것이 아무것도 언급되고 있지 않다. 단지 '양국 국민관계의 역사적인 배경과……' 라는 자구만 제시되고 있을 뿐이다.

'강화조약도 아니고 그렇다고 조약 내용에서 볼 때 단순한 '친선우호조약도 아니다. 상투적이라고까지 말하면 심할지 모르겠으나, 양국이 이해의 증진과 국제평화의 유지를 위해서 국제연합 헌장에 합당하게끔 긴밀하게 협조함이 중요하다는 것을 인정한다는 정도이다. 이에 대해서는 더 이상의 이의는 없다. 그러나 일본이 1951년 연합국과 체결한 샌프란시스코 조약을 우리는 전문에서 가볍게 그대로 받아들이고 세심한 배려를 전혀 하지 않았기 때문에, 전후배상 문제에 대해 일본이 다른 나라와 처리한 것과는 별도처리에 말려들게 된다.

일본제국에 의한 가해와 그에 따른 배상 문제에 있어 다른 연합국들과 우리의 처지는 분명 다르다. 우리는 40여 년의 강점 하에 있었고, 그 이전의 1876년 불평등조약 체결 후에 벌어진 한국의 특수 실정에 따른 문제가 있었다. 그런데도 일제와의 역사를 전문에서 한마디의 언급 없이 슬쩍 지나쳐 버린다고 하는 것은 도무지 대등한 당사자로서의 강화조약이었다고 할 수 없다.

바로 이러한 기본조약의 반反역사성과 제국주의 가해의 묵시적 시인 때문에 배상을 제대로 받는 것은 고사하고, 민족적 굴욕과 치욕을 안겨준 창씨개명과 언어말살, 독립운동에 대한 비인도적 학살만행과 식민지 약탈행위 등의 범죄 행위에 대해 면죄부를 안겨주는 결과가 되었다. 다만 한 가지 냉전체제에서 기여도를 말한다고 하면, 1960년대 이후 미국의 동남북 아시아에서 소련과 중국의 견제와 그를 위한 일본의 역할 확대, 그리고 베트남전쟁에 있어서 일본 기지화와 한국의 참전 구도를 정립하는 첫걸음이 된 것이다. 1960년 4·19혁명 당시 이승만 지배 구조의 타파에 미국측이 적극적으로 역할을 한 것은 바로 변화하는 국제관계에서 이승만 외교노선의 경직성을 깨부셔야 한다고 하는 필요성도 작용한 것을 지나쳐 버려서는 안된다. 따라서 한일협정은 미국이 동북아 질서를 재편하는 과정에서 나온 일환이었다는 것을 보면서 우리의 민족적 이익과 국가적 위치를 따져 보아야 할 것이다.

강화조약도 아니고
그렇다고 단순한 친선조약도 아닌 협정

한국은 1951년 샌프란시스코의 평화조약에 당사자로 초청되지 못했다. 필리핀이나 인도네시아도 참가했는데 한국은 미국과 가장 우방인 반공 자본주의국가라고 하면서도 제외되었다. 영국과 미국 등 연합국에 의하여 한국의 존재가 카이로선언에서 독립이 약속되고는 있었지만, 한국 민족을 대표하는 망명정부인 대한민국 임시정부는 정부나 교전단체로서의 실체를 인정받지 못했다. 단지 드골 프랑스 망명정부가 임시정부를 승인했다고 한다. 미국의 전략첩보국OSS에서 광복군을 특수훈련 시킬 때도 임시정부의 지위는 애매모호한 처지에 있었다. 우리 임시정부의 군대가 정식으로 참전해서 우리 정부가 국제법상의 교전단체가 되었다면 해방 후의 사정은 달라졌을지도 모른다.

이러한 가정은 접어두자. 그러나 남한만의 단독정부가 국제연합에 의해 승인을 받았다고 하면서도 대일 평화조약에는 당사자로 참가하지 못했다. 이 문제에 대한 상황 인식이 뚜렷하지 못했으며, 또한 역사의식이 빈곤하고 민족적 주체성이 결여되었던 군사정부가 한일 국교를 미국과 일본 지배층의 주도에 이끌려 체결했기 때문에, 우리로서는 기묘한 치욕의 조약을 체결하게 된 것이다.

먼저 제1조를 보자.

제1조 양 조약 당사국간에 외교 및 영사관계를 수립한다. 양 조약 당사국간은 대사급 외교사절을 지체없이 교환한다.

대한민국 임시정부가 1941년 일본에 대해 공식으로 선전포고를 했다. 그리고 우리는 1905년 을사조약 이래 한일간에 체결된 예속적 식민지 관계를 거부하여 독립투쟁을 해 왔다. 일본제국이 패전했다고 해도 우리 민족이나 한국정부의 일본국 사이의 전쟁 상태는 공식적으로 종료되지 않은 상태였다. 그런데 제1조에서 그에 대한 아무런 조약상의 명시가 없다고 하는 것은 과거 일본제국의 식민지 강점에 관한 그 불법성에 대한 도의적·법률적 책임을 묵살해버리고 있는 것이다. 여기서 참고로 샌프란시스코 평화조약 제1조 1항을 보자.

> **제1조 1항** 일본국과 각 연합국과의 전쟁상태는 제23조가 정하는 바에 따라 이 조약이 일본국과 당해 연합국과의 사이에 효력이 발생하는 날로 종료한다.

샌프란시스코 조약과 비교해 볼 때, 한국과 일본국 사이에 어떠한 역사적 관계가 있었으며 조약 체결 당시 두 나라가 전쟁 상태에 있었다고 하는 것에 대한 아무런 언급도 없는 것이 우리가 일본과 체결한 기본조약 제1조 규정이다. 그렇다는 이유에서 한국은 샌프란시스코 조약 제23조에 정한 연합국 사이에도 끼지 못하고 있다는 것이다.

도대체 이러한 국교정상화 조약이 있는가? 이렇게 함으로써 일본의 도덕적 법적 책임이 면제되고 범죄행위가 묵인되며 한국측으로서는 민족적 및 국가적 권위와 자존심이 훼손되고 그에 따라 응당 받아야 할 배상이 그대로 방치되어 일본군위안부와 같은 끔찍한 피해자가 백주에 방치되는 기막힌 현실이 나타나게 된 것이다.

1876년 한국이 일본과 불평등조약을 체결한 이후 한국은 일본이외의 제국주의 열강에게도 문호를 개방했다. 물론 제국주의 열강과도 불평등조약을 체결한 것이었다. 그리하여 이 때에 이미 한국은 반#식민지 상태에 있게 되었다. 문제는 당시의 국제관계와 제국주의 나라들 각기의 사정 때문에 한반도를 둘러싼 열강의 대결과정에서 영, 미, 불의 제국주의 국가보다 청나라와 러시아제국이 일본제국과 대결하는 세력으로 등장, 우리가 주지하듯이 청일전쟁1884과 러일전쟁1904을 거치면서 일본이 영국과 미국 등 양대 제국주의 세력의 비호와 양해 하에 조선반도에서 패권을 차지하게 되었다. 한국이 일본의 식민지가 된 것은 1905년 러일전쟁에서 일본제국이 승세를 타고 을사조약을 강요해서 마무리 지었을 당시이다. 을사조약은 한국의 외교권을 일본제국이 강취하는 것에 그치지 않고, 일본제국 정보의 천황을 대리하는 통감이 조선을 지배하는 고문정치를 통한 사실상의 식민지화의 완성이었다. 당시의 대한제국 정부라고 하는 것은 명목상의 허수아비 정권에 지나지 않았다.

따라서 1965년 한일간의 국교가 회복된다고 하는 것은 1905년 외교권을 비롯한 사실상 주권을 상실했던 한민족이 독립된 정부로서 한민족을 강압하던 일본제국의 지배를 일체 부정하고 새로운 평화관계를 회복하는 것이었다. 다시 말해서 강화이다. 60년 만에 이루어지는 강화이다. 따라서 이 점에 따른 조약의 명문화된 취지가 명시되어야만 불행했던 과거에 대한 청산작업의 일부가 시작되는 첫걸음이 내디뎌 질 것이 아닌가?

나는 1965년 '굴욕외교 반대교수단' 투쟁에 참가하면서 당시 군사정권의 뻔뻔스러움을 너무나 똑똑히 보아 왔다. 기자들에 대한 매수와 언론공작, 지식인에 대한 협박과 회유, 반대파 인사에 대한 모략과 사회적 매장 공작, 결국 계엄통치와 공작정치로 버틸 수밖에 없는 군사지배, 더러운 외국돈으로 민족을 팔아먹고 집권을 지속해 가는 정권을 본 것이다.

그런데 아직도 우리 사회는 당시의 민족적 죄인이 버티고 큰소리를 치면서 파렴치한 변명을 하고 있다. 그것은 한일기본조약 전문과 제1조를 체결하도록 놔두

었던 우리 민중의 민주역량의 한계 때문에 가능한 것이 아닌가 생각한다. 타민족의 지배에서 해방된 민족으로 독립국가의 지위에 있으면서 이러한 조약을 체결한 예는 과거나 지금이나 세계 어디를 봐도 없을 것이다.

일제의 한국지배의 불법성과
기본조약 제2조 문제

 기본조약 제2조는 한국에 대한 일본제국주의 지배의
불법성 문제와 관련되는 조항이다. 이 규정은 다음과
같이 정하고 있다.

 제2조 1910년 8월 22일 및 그 이전에 대한제국과 대일본제
국간에 체결된 모든 조약은 이미 무효임을 확인한다.

 이 조문은 기본조약의 조항이 작성될 때부터 한국측과
일본측 쌍방간에 해석상의 문제가 되었던 내용이다. 당시
조약 체결을 위해 한국을 방문 중이던 시이나 일본외상은
한국측의 요청을 수락해서 '모든 조약 및 협정이 무효'null
and void라는 말 앞에 '이미'already를 삽입하였다.

그런데 이 문구를 한국측은 1910년 8월 22일 '한일합방'을 조약하던 날부터 무효라고 해석하였다. 반면에 일본측은 '합방'조약은 한국이 독립한 후에는 무효가 되었으나 당시에는 유효한 것으로, 다시 말하면 '합방'은 합법적이었다고 해석하였다. 일본의 지배가 합법적이라고 한다면 배상은 성립되지 않고 보상이나 독립축하금 정도가 될 것이며, 동시에 손해가 아닌 손실을 보상해 준다고 하는 법리가 성립한다.

앞에서도 말했듯이 이 조약 전문에 일본측이 과거의 불법행위에 대해 사죄와 함께 책임을 진다는 것을 명시하고, 제1조에서 전쟁상태가 종결되었음을 명시하는 것 등을 통해 조약의 성격을 분명하게 밝혀야 한다고 강조한 이유가 바로 여기에 있다.

일본측의 논리가 통할 수 있게 되었다는 것은 기본조약에 기초해 '경제협력에 관한 협정'이 체결됨에 따라 일본측으로 부터 한국에 3억불의 무상공여와 2억불의 대여가 결정된 점에서도 잘 드러난다. 이로써 한국은 "체약국 및 그 국민법인을 포함한다.의 재산, 권리 및 이익 아울러서 양 체약국 및 그 국민간의 청구권에 관한 문제가……완전히 또 최종적으로 해결되었다"고 합의한 것이다. 이 협정의 어디에도 배상금이라고 하는 말이 명시되지 않았다는 점을 주의해서 살펴보아야 한다.

이에 대해서는 일본 국회에서 오히라★ᵇ 외상이 한 보고서에 기록으로 남아 있는데, 보고 내용의 일부를 보자.

……토의에 있어, (합방의) 법적 근거의 유무에 관해서는 일한간의 견해에 커다란 거리가 있을 뿐만 아니라, 사실관계를 정확하게 입증하는 것도 시일의 경과와 함께 불가능하거나 매우 어렵다는 것이 판명되기에 이르렀습니다. 그렇다고 이 문제를 해결하지 않은 채 방치하는 것은 허용되지 않기 때문에, 일본정부는 이 문제를 극복하기 위해 새로운 방도를 강구할 수밖에 없다고 인정하기에 이르렀던 것입니다. 이 새로운 방도로서 구상한 것의 골자는 장래에 있어서 양국간의 친교관계의 전망에 입각하여, 차제에 한국의 민생안정, 경제발전에 공헌하기 위해서 한국에 대해 유상무상의 경제협력을 하기로 하고, 그와 같은 경제협력 공여에 따르는 효과로서 평화조약

4조의 청구권 문제가 동시에 해결되고, 더 이상 존재하지 않게 되었다는 것을 한일간에 확인한 것입니다._{중의원 본회의}

에서 오히라 외상의 보고, 『資料 戰後20年史』①政治, 日本評論社.

샌프란시스코 조약 제4조에서 일본이 한국과 별도로 배상문제를 구체적으로 해결하도록 명시한 것을 한국인 한일협정에서 '합방'조약의 불법성 문제를 거론해서 문제를 어렵게 꼬이게 하기보다는 일본측의 제안대로 한국의 민생과 경제발전을 위한 유상무상의 경제협력으로 타결을 지어 버리려 했다고 할 수 있다. 이러한 일본측의 일관된 자세 밑바닥에는 한국이 대등한 교전 당사자가 아니라고 하는 실력주의의 정복논리와 함께 한국에 대한 일본제국주의의 지배는 잘못된 것이 아니라고 하는, 일본제국주의의 동아시아지배는 정당하다고 하는 패권의식이 깔려 있다. 이 점은 나중에 다시 보기로 한다.

문제는 이 조항의 반민족성과 매국성에 있다. 여기서 이 조항이 뜻하는 바를 우리의 입장에서 보자. 먼저 지적해야 할 것은 일본측이 '합방'조약은 유효하다는 해석에 대해 우리 정부는 본래의 의도에 어긋난다고 하는 점을 일본정부에 대해 이의와 항의를 제기한 적도 아직 없다.
그렇다고 일본측이 그러한 제국주의 식민지배에 대한
공식적 태도가 매우 잘못되어 유감이라는 것을 우리
국민에게 납득시킨 적도 없다.

　그렇다면 이것이 무엇을 의미하는 것인가? 우리의 역
사로 다시 돌아가 보자.

　우리 민족은 일본제국주의 침략에 대해 1984년 갑오농
민전쟁 이래 거족적인 항전을 해왔다. 그것이 그 후 황후
에 대한 살해사건을 계기로 유생들의 의병항쟁으로 이어
지고 을사조약 후에는 거족적인 항쟁이 되었다. 1919년
3·1운동에서 민족의 의사가 남김없이 표명된 바와 같이
일제의 식민지 지배를 전면 거부했다. 그리고 그것은
민족을 배반하고 일제에게 굴종 투항한 왕족이나 양반
지배층의 지배질서를 복고하자고 하는 것이 아니라, 민주
공화제의 입국을 지향해서 상해 임시정부가 건립되어
반제국주의, 항일민족투쟁을 전개해 왔던 것이다. 임시
정부의 1941년의 대일 선전포고는 우리 민족이 결코
일제의 식민지 지배나 그 근거로 되어 있는 '보호'조약
'합방'조약을 결코 인정하지 않는다는 것을 무엇보다 분

명하게 밝히고 있는 것이다.

바로 그렇기 때문에 임시정부의 「건국강령」에 따라 친일파, 민족반역자의 처벌과 재산몰수의 특별입법을 헌법부칙에 근거를 두어 집행하려고 했던 것이다.

물론 그러한 일제 잔재 청산이 친일 수구세력의 방해로 좌절되어 버렸다고는 하지만, 그렇다고 해서 일제 지배의 합법성이 증명되는 것은 아니다. 여기서 일부 친일파나 일제 관변사가의 입장을 취해서 일본제국주의 지배의 합법성을 강변하는 논리의 부당성을 밝혀 보자.

일제가 항복한 후 38도 이남을 점령한 미국의 군대는 군정 지배를 하면서 일제가 제정, 시행하고 있던 법령체계를 거의 그대로 계승하였다. 여기서 '거의 그대로'라고 하는 말은 일제의 탄압기구와 그에 관련된 법령인 치안유지법, 국가총동원법, 창씨개명에 관한 법제, 형법에 있어서 일본 황실에 대한 죄나 일본제국에 반대되는 사상표현과 결사 시위 운동에 대한 탄압 조항 등은 폐지하고, 사회질서를 유지하고 공공기관의 정상유지를 위한 공법과 형사법의 체계를 존치시켰다.

이것은 민주정부가 수립되기 이전에 사회의 정상적

기능의 회복과 유지를 위한 최저한의 시민법적 질서체계를 확립하는 것을 의미했다. 일제 법령체계가 그대로 계승되는 것은 사법私法의 사소유권 제도를 바탕으로 한 시장경제의 시민법 체계인 것이다. 대한민국정부 하의 헌법부칙에서 일제 구법령과 미군정 법령을 계승한다고 할 때, 그 주된 골격은 바로 사소유권제도를 바탕으로 하는 자본제 시장질서이다.

다만 여기서도 일제하의 반민족행위자의 재산에 대한 몰수 등이 이미 예외조치로서 임시정부의 건국강령에서 명시되고 있었다. 그것이 대한민국 헌법에서 반민족행위자에 대한 처벌과 그 재산의 몰수로 정해진 것이다. 따라서 오늘날까지 친일매국노의 재산처리가 문제되는 것은 우리가 일제 잔재를 철저하게 청산하지 못한 것에서 연유하는 것이다.

그런데다 어째서 다시 일제 잔재의 망령이 한일기본조약에서 살아나게 되었는가? 이 문제는 박정희 군사정권의 실체와 그 친일인맥의 흐름을 폭로함으로써 그 정체를 파악할 수 있을 것이다.

1961년 5월 16일 새벽 한국 서울에서 일부 군인이 쿠데타로 정권을 장악했다고 하는 보도가 전파를 타고 세계에 전해졌다. 이때에 한국의 쿠데타에 대해 남다른 관심과 주의를 기울이고 있었던 부류가 있었다. 그들은 일본에서 자민당 실세로 정국을 주도하고 있던 우익 보수 세력, 그 중에서도 일제 때 만주에 뿌리를 두고 있던 자들이었다. 그들은 요시다吉田茂, 기시岸信介, 고마다兒玉譽土夫 등과 같은 부류의 인물들이었다. 그들은 만주에서 '만주사변'1931을 전후해서 일제가 항복할 때까지 만주, 중국 등을 기반으로 대동아공영권의 꿈을 통해 아시아의 맹주로서의 꿈을 키웠다. 이들 일부가 신문에 난 박정희 소장의 사진을 유심히 보다가 한 사람이 소리쳤다.

"이 사람은 오카모토岡本實 중위가 아닌가?"
"아니……바로 그 자야."
"아니……오카모토가 서울을 장악했다니, 만세! 만세!……"
"만세! 만세!……"

위에 든 일화가 사실인지 과장되게 꾸며낸 이야기인지는 모르나, 분명한 것은 박정희 소장이 만주군 중위로서 일본 천황에게 충성을 맹세했던 사람이라는 점이다. 그가 집권한 이후 친일파는 만주연고자들을 중심으로 하여 똘똘 뭉쳐 친일 정권의 구조를 다시 구축하였다. 이 박정희는 청와대에서 만주군 장교 승마복을 만들어 입고 일본제국주의의 군인 시절을 회상하며 향수에 젖어 있었다고까지 한다.

아무튼 박정희의 쿠데타에 일본의 우익 보수 반동세력이 관심을 둔 것은 일본의 극우 파시스트가 시도한 몇 번의 쿠데타는 실패했지만, 박정희는 성공했다고 하는 점이었을 것이다.

그러나 관심의 더 본질적인 이유는 한반도가 그들이 다시 진출해야 할 무대로서 절대적인 이해관심의 대상이었기 때문일 것이다. 일본은 패전이라는 폐허에서 한국전쟁으로 부유해지기 시작했고, 일본의 반동우익은 중공과 북한의 위협으로 다시 반공일선에서 각광을 받고 재기하는 단계였다. 그러나 박정희 소장의 집권은 또 한 번 천우신조가 되었다. 적어도 일본의 우익 보수 반동세력에게 있어서는.

그래서 한일 국교의 외교 교섭은 비공식 루트를 통한

일본 우익 보수진영의 인사와의 막후거래로서 이루어졌다. 그런 만큼 민족적 관점이 철저하게 무시될 수 있었던 것이다. 여기에 굴욕외교의 산물 가운데 하나인 기본조약이 탄생하는 비밀이 있다.

박정희 세력의 의식 속에는 일제의 한국 강점·지배가 조금도 불법이라는 생각이 없었다. 여기서 그 구체적인 사례를 본다. 이시하라 신타로라는 일본 자민당 우파 의원의 말을 인용해 본다.

……최근에 갑자기 죽은, 과거 한국의 박정권 하에서 용맹을 떨친 대통령 경호실장 박종규가, 방한한 우리들을 대접하는 술자리에서 한 말이다.

"우리는 일본의 식민지가 되었던 것이 오히려 다행이었다."고 그가 말했다.

사람에게 아첨한 인품도 아니고 그런 입장에 있지도 않은 정치가의 말이었기 때문에 액면 그대로 이쪽에서는 들어 보고 놀라지 않을 수 없었다.

"첫째로 당시의 조선에는 내부 분열이 심했고, 그것을 수습할 만한 지도자가 없었다. 조선이 결국에는 어느 열강의 식민지가 되었으리라는 것은 역사적으로 불가피한 일임에 틀림없다. 당시 조선을 식민지화할 입장에 있었던 외국은 일본 이외에 러시아와 청나라중국였다. 만일 일본 이외에 어느 다른 나라의 식민지가 되었다고 하면 조선 민족의 장래는 훨씬 가혹한 것이 되었을 것이다.

러시아의 식민지가 되었다고 하면 지금의 남북분열을 기다릴 것도 없이 이미 일어난 러시아혁명으로 조선반도는 위로부터 아래까지 완전하게 공산화되었을 것이다. 청나라의 식민지가 되었다고 하면 우리에 대한 착취는 훨씬 엄하고 비문화적이고 철저했을 것이다. 중국인의 조선 민족에 대한 모멸감은 일본인에 비할 바가 아니다. 일본인과 달리 중국인은 과거에 한번도 조선 민족에 대하여 문화적인 경의를 품어 본 적이 없기 때문이다.

청조가 멸망한 후에 식민지화된 조선은 이전보다 훨씬 더욱 혼란과 분열이 있었을 것이 틀림없다. 그래서 어쩌면 분할된 모습으로 결국에는 일본과 러시아의 식민지가 되었을 것이다. 그렇다고 하면 태평양전쟁 종료까지의 기간, 같은 식민지로서 조선이 당한 역사적인 피해는 일본의 식민지였기 때문에 최저한으로 그치게 되었다고 말할 수 있다.

일본의 식민지가 됨에 따라 당연히 우리들은 여러 가지 굴욕을 맛보았다. 문화적으로도 일본인은 우리의 이름을 일본식으로 고치라고 하는 등 실례失禮이며 야만적인 일을 강요했다. 그러나 그래도 일본인은 우리에게 우리가 바라든 바라지 않든 간에, 그들이 본국에서 그들의 자제에게 베풀고 있는 것과 같은 교육을 시켜주었다. 북부쪽의 조선은 알지 못하지

만 한국의 현대 교육은 거의가 일본인이 과거에 베풀어 준 근대 교육 노선을 답습하여 시행되고 있으며, 우리들은 그 교육의 효과에 본질적인 의문을 느끼고 있진 않다"고 하는 것이 그가 주장한 요지였다.

그리고 말하길, "요컨대 지금도 아직 과거의 식민지 시대의 사실을, 무엇이랄까 나쁘게 들어서 일본을 비난하는 것은 우리의 패배주의에 지나지 않는다"라고.石原愼太郎, 「現代史의 分水嶺」, 文春文庫, 1990, pp.237~239.

위에서 보듯이 친일파의 사고구조는 일제 식민주의 노예교육에 의한 순화가 철저하게 되어 있었다. 그 처럼 역사에 대한 왜곡된 인식으로 사로잡혀 있는 친일 인맥에 의한 지배가 한국의 국가대사를 그르치게 한 것이다.

기본조약 제3조가 정한
한국정부의 지위와 문제점

한국정부를 한반도의 유일 합법정부로 일본이 상대하고 있는가라는 문제가 당연히 제기되게 마련이다. 이에 대해 국제정치의 현실을 감안해 일본측은 애당초 북한측을 의식하고 있었다. 이미 한일 국교 타결 당시부터 북한과 별개의 교섭을 대비하고 있었다고 보아야 한다. 그 점은 보상문제에서 재일교포 지위문제에 이르기까지 협정 전반에 흐르고 있는 '제한적 교섭'의 타결을 보면 알 수 있다. 당시 한국정부는 이에 대해 대한민국만이 한반도 전반에 걸쳐서 유일 합법정부임을 기본조약 제3조에서 정했다고 했다. 그런데 이 점은 일본 대사가 서울에 와서 최종 자구를 수정하면서 타결할 때, 국제연합의 결의를 인용하여 "명시된 바와 같이분명하게 기술되어진 대로:as specified in"라는 제한적인 취지를 분명하게 표시한 어구를 삽입했다.

기본 조약 제3조를 보자.

> **제3조** 대한민국 정부가 국제연합 총회의 결의 제195 (3)호
> 에 명시된 바와 같이, 한반도에 있어서 유일한 합법정부임을
> 확인한다.

이 내용은 가능한 지역에서 선거로 선출된 대의원에
의해 구성된 정부, 다시 말해서 38도 이남 지역에서 선거
로 수립된 정부로서 그 한정된 지역 내의 유일 합법정부로
서 국제연합총회의 결의로 공인된 것이라는 해석도 가능
하다. 따라서 북한 지역의 정부는 남한 지역의 정부와
별도로 인정된다고 하는 해석이 나올 수 있다.

여기서 한반도에서 한국정부의 지위를 어떻게 볼 것인
가라는 법리상의 문제를 정리해 보자.

(1) 헌법의 영토조항을 말 그대로 따른 유일 정부론
: 헌법 제3조 "대한민국의 영토는 한반도와 그 부속 도서로
한다."고 하는 조문은 제헌 당시부터 변함이 없다. 그에

따른 국가보안법이나 대법원의 판례는 휴전선 이북도 당연히 한국 영토로 간주하고 그에 따라 법리를 전개한다. 이 법리에 따르면 통일논의조차도 필요치 않을 뿐만 아니라, 실정법에 반한다는 결론이 나오게 된다. 그런데 실제로는 우선 남북 정부가 함께 국제연합에 가입해 공존을 표방하고 있는 국제관계의 현실이 있다.

(2) 남북 양 정부의 국제연합 가맹국으로서 평화 교류와 공존체제의 현실 : 1972년 7·4 공동성명은 남북의 정부가 민족이라고 하는 공동체를 의식하면서 평화적 교류를 적어도 표면상으로는 표방해왔다. 더욱이 1990년 '남북합의서'의 교환과 국제연합의 동시가입이라고 하는 정세변화는 일부 공식적 남북대화 교류에서는 서로 공존과 상호존중을 말하고 있다.

그런데 한국정부는 남북합의서를 국회에서 비준동의를 구한 바도 없고, 정부의 국회답변에서는 합의서를 신사협정 정도로 알고 있다고 하며, 실제로 북한정부에 적대적이고 국가보안법의 법체계를 그대로 통용시키고 있다.

(3) 정전협정의 미국측 당사자로서 북한과 한국정부의

위치 : 한국정부는 1953년 7월의 정전협정의 당사자가 아니다. 그런데도 휴전선은 남북이나 제3국이 준수하는 영역으로 기정사실화되고 있다. 북한정부가 미국과 한국을 배제한 체 교섭을 하고 한국정부가 핵시설 문제처럼 그러한 거래교섭을 간접적으로 수용하는 입장에 있다.

여기서 한일조약과 관련해서 주목되는 것은 김일성 생존 당시 일본 자민당 가네마로金丸新 부총재의 대북한 외교에서 볼 수 있듯이, 일본이 북한을 한국정부와는 별도의 실체로 상대해 이미 깊숙히 교섭하고 거래해 오고 있다는 점이다. 한편으로 남북교류를 현안의 사안으로 삼고 있는 우리 정부는 다른 것은 어떻든 경제교류는 이미 개시하고 있고, 그에 따라 북한측의 현실적 존재가 부각되고 있다. 여기서 국제관계나 국내 문제에서 한국정부의 지위를 법적으로나 정치적으로 대북 관계에서 어떻게 규정할 것인가 하는 점을 점검해야 할 시기다. 그것은 있는 그대로 솔직한 문제제기에서 실마리를 푸는 것으로 출발해야 할 것이다.

그 밖의 기본조약 제4조는 국제연합 헌장의 원칙의 존중을 정했고, 제5조는 통상관계조약 개시를 정하고 있으며, 제6조는 항공협정 교섭 개시를 정했다. 기본조약의 체결을 계기로 배상문제를 비롯한 재일교포 지위문제와 어업협정, 문화재 협정 등이 잇달아 타결되게 되었다. 그러나 가장 근본적인 문제에 대한 한일 양 당사자의 자세, 특히 한국측의 굴욕적인 태도로 이후 한국은 우선 일본 독점 자본의 시장이 되어 일본 중심의 경제적 예속체제의 구도에 편입하게 되었다.

물론 군사정권은 일본 자금을 얻어서 정권의 유지와 경제개발을 통한 발전이란 명분을 세우는 발판을 굳혔다. 아울러 미국의 한미일 삼각유대의 반공기지 구축이 짜여지면서 박정희 군사정권은 미국의 양해를 얻어 지위를 굳히고 월남에 파병, 미국의 반공전선에 적극 참여함으로써 젊은이들의 목숨을 제공한 피의 대가로 월남특수를 낳았다. 그러나 이러한 군사정권의 굴욕외교에 의한 성장 신화가 성수대교 붕괴에서 나타나듯이 '한강의 기적'이란 신화가 얼마나 엉성하고 신뢰와 성실이 결여되고 부정부패로 찌들은 허상인지 드러나게 된다. 바로 한일 국교 50년의 그 허망한 정체를 다시 보게 되는 것이다.

여기서 일본과의 관계를 보면 일본은 한반도를 에워싼

전쟁으로 말미암아 발전한 나라이다. 청일전쟁과 러일전쟁으로 세계 제국주의의 대오에 끼면서 재부를 축적·발전시킬 수 있는 국내외적 여건을 마련했다. 그리고 패전 후에는 한국전쟁으로 미군기지화와 군수 조병창 역할을 맡음으로써 부흥의 기틀을 마련하였다. 결국 우리는 피해자로서 운명지워진 꼴이 되었는데, 그 원인이 주로 친일 매국반민족행위를 우리가 단속하지 못한 점에 있었다고 하는 뼈저린 사실을 잊어서는 안된다.

한일협정의 문제점:

되풀이한 일제 잔재 유지의 치욕

왜 지금 한일 협정을 따지는가?

우리가 한일협정이라고 부르는 일본과 국교를 맺은 조약문서에 양국 당사자가 서명 비준한 지 1965년으로부터 벌써 50년이 된다. 해방된 지 70년이고 한일국교가 타결된 지 50년이라고 하는 세월이 흘렀다. 그런데도 우리는 한일국교의 시발이 된 한일협정이 잘못되었다고 야단이다. 한마디로 무엇이 잘못된 것인가 하는 것을 분명히 해 보자.

이웃나라와 함께 교류를 하며 살아가기 위하여 국교를 트는 일은 하나도 이상하지 않지만, 일본과 한국의 경우는 사정이 특수하다. 일본이 한국을 협박해 문호를 개방시킨 것이 1876년이다. 그때부터 우리는 일본을 비롯한 서방 제국주의 나라의 반식민지가 되었다. 그러다가 이러저러한 곡절을 겪어서 1894년 청일전쟁으로 일본이 청나라를 물리치자 조선은 사실상 일본의 반식민지가 되었다.

그간에 러시아의 대두로 일본이 곤경을 겪지만 일본은 영미제국주의의 비호로 러일전쟁에서 이기고 1905년에는 조선은 일본의 식민지가 되었다. 흔히 1910년의 한일합방으로부터 일제지배를 꼽지만 1905년 이미 조선 왕조의 행정이나 사법은 일본의 고문정치로 장악이 되고 군대도 해산이 되고 외교권마저 없어졌으므로 이미 일제 식민지가 되었다. 그래서 강재언은 일제 지배 40년이라고 한다. 강재언, 「일본에 의한 조선지배 40년」, 朝日文庫(朝日新聞社).

그래서 일본 제국주의에 의한 지배와 그로 말미암은 일제잔재나 친일파의 대두는 이완용의 본격적인 매국행위 이전으로 소급한다. 그만큼 문제가 심각하다는 것을 말한다. 그렇기 때문에 한일국교를 타결하는 중대한 국사를 친일파 세력의 쿠데타 장본인들이 주동이 되어 잘못 처리해 버렸기 때문에 심각한 손상을 우리 민족에게 끼쳤다고 하는 것이다. 한일협정 50년이 흐른 세월 속에서 이미 그 결과는 우리들에게 피부로 느껴질 정도로 생생하게 나타나 있다. 그것은 무엇인가?

한국 안에서 한일협정은 친일파세력의 지배구조를 재정비 공고화시키고 나라의 민주화를 저지시켰다. 나라

밖 일본의 사정을 보면 일본의 집권 세력인 우익 보수 세력의 군국주의 성향을 부추겨주고 한국을 친일세력하에 일본 반동지배구조에 정치 경제 사회 문화적으로 예속화 시켜가는 기반을 조성시켜 일본의 반민주 우경화를 가속화 시켰다. 그러한 결과는 다시 한국의 민주화에 제동을 거는 역작용을 하게 되었다.

지금 일본의 지배층이 다시 반동화되어 노골적으로 군국주의 성향을 들어내고 아시아의 맹주로서의 과거 제국시대의 꿈을 다시 실현하려고 하는 것은 한일협정과도 유관하다. 우리 주변에서 친일파 민족반역자들과 그 추종 잔당세력이 모든 분야에서 실세로 행세하고 있는 것은 결코 우연이 아니다. 여기서 우리는 한일협정의 무엇이 어떻게 잘못되어 있는지 다시 살펴보고, 우리가 무엇을 어떻게 할 것인가를 정신 차려서 나가지 않으면 안 된다.

역대 친일정권의 대일 정책의 정체

/ 이승만 정권의 반일정책의 허구성과 일본의 1951년
  강화조약에서의 한국 제외

  이승만 정권은 그 친일성을 은폐하기 위하여 사이비거짓
반일정책을 교묘하게 써 왔다. 항상 항일투사로서 이승만
의 이미지를 과대 포장하여 대일 강경노선을 걸어가는
것으로 위장하고 독립선언 기념일에는 1919년에 파고다
공원에서 3·1독립 선언문을 낭독했다고 하는 경력이
있는 일본 상해 영사관 소속 밀정을 한 인사를 내세워서
선언문을 낭독하게 해 국민의 애국적 감정을 고조시키고
유관순 열사의 순교를 교과서에 실으면서 정작 항일투사
를 고문 살해한 일제 앞잡이 민족반역자에 대해선 한마디
말도 없고, 오히려 그들을 고관으로 채용하고 있는 엄청
난 위선을 어린 학생들에게 행하면서 사이비 반일정책을

써서 국민을 기만해 왔다.

더욱 한심스러운 것은 일본이 덜래스의 막후 활약으로 관련 당사국과 강화조약을 체결하는 과정에서 이승만은 덜래스를 한국으로 불러들이고 친미 일변도의 외교를 하면서도 강화조약의 교섭과정에서는 제외된다. 우리를 제외한 채 일본은 미국과 한국문제에 대해 일방적으로 처리해 버렸다. 이에 대해서 이승만 정부는 한마디의 항의나 이의도 제기하지 않은 채 한일국교 교섭을 한다고 일본당국과 대좌하여 구보다의 망언을 듣는 추태를 연출했다. 이것은 일본이나 미국 등이 한국을 일본과 대등한 강화조약의 체결당사자로서 인정하지 아니하는 일본정부의 입장을 묵시적 간접적으로 인정해 준 것을 말하는 것이다.

그러면서도 이승만 정권은 가장 일본에 대한 강경자세를 고수하는 것 같은 연극을 해 국민을 기만해 나가다가, 그러한 이승만의 이중 정책에 지쳐버린 미국이 1960년 이승만 정권의 퇴진에 적극적으로 나서게 됨으로써 몰락에 박차를 가하게 된 것이다. 미국으로서는 이승만의 국민 기만정책의 한계 때문에 미국의 이익이 저해되는 것을 감수할 수 없었던 것이다.

/ 친일관료 정권인 장면 내각의 대일 유화적 접근과 국민의 견제

1960년 4·19혁명으로 집권한 장면 정권은 혁명의 열매를 따먹긴 했으나 본질적으로는 친일관료가 주축이 된 약체 정권이었다. 장면 자신이 일제하에 교육자로서나 종교지도자로서 친일파 민족반역자였다. 물론 그 주변 인사도 압도적으로 친일 관료였다. 따라서 한일국교 문제에 있어서는 장면 정부에게 확고한 정책과 노선이 있는 것이 아니라, 미국의 주문에 응해 나가는 것이었다. 그런데 미국의 주문에 응하고자 해도 혁명 후에 고조된 민중의 민족 자주와 민주에의 열기를 제압할 순 없고 해서 눈치를 보면서 시간을 끌다가 정치군인인 또 다른 친일세력에게 쫓겨나게 된다.

110

/ 군사정권의 정통성 결여와 매국 굴욕 외교에서의
  활로 모색

　1961년 쿠데타로 집권한 군인들은 정권의 정통성 결여
와 그로 인한 취약성 보강을 우선 '친미 반공'에서 모색한
다. 미국이 이승만 정권 이래 일본을 반공 보루로서 극동
의 방파제로 재무장시키며 미국 일본 군사동맹이 한국으
로까지 공식 연결되길 희망하고, 그러자면 한일국교의
타결이 선결문제라고 하는데 군사정권은 신속하게 대응
해 미국의 비호와 후원을 받아 한일국교를 타결하는
'친미·친일 정책'에 목을 걸게 된다. 박정희는 그 후
월남 파병과 미국의 고가 병기 구입에 이르기까지 미국이
요구하는 것을 모두 수락함으로써 정권의 기반을 굳혀나
간다. 뿐만 아니라 군사정권은 초기에 혁명공약이라고
해서 반공을 국시의 제1로 한다고 해서 국민을 겁주고
협박했으나, 그것으로만 먹혀들지 않아서 '민족적 민주
주의' 또는 '행정적 민주주의'라는 정치적 신화를 날조하
고자 시도하지만 실패하고, 마지막에 국민 기만과 회유에
기대를 걸고 내세우는 것이 '근대화'라고 하는 경제개발

이다. 군사정권은 개발독재로의 길에서 우선 자본과 기술이 필요하고 정치조작에서 돈이 필요했던 것이다. 여기서 일본 독점 기업의 상품시장을 개척해 주고 그 대가로 돈과 그 밖의 지원을 받고, 아울러서 일본의 군국주의 세력과의 연고를 통한 유대강화를 꾀했다. 일본의 지배세력은 한국 시장에서의 진출이라고 하는 이해와도 맞물려서 한일국교가 급행열차의 초고속으로 추진된 것이다. 여기서 박정희의 만주군관학교 인맥과 일본의 대륙 군국주의 침략세력의 잔당이 대거 등장하게 되는 이면을 볼 수 있다.

문제점과 대안의 모색

/ 해방되고도 50년간 지속되어오는 친일 세력의 지배
　구도

　해방 후 한국의 민족적 과제는 일제 잔재와 친일파
민족반역자의 세력을 청산하고 민족 · 민주 · 복지 · 자
유국가를 세우는 것이다. 이 과제에서 친일파 민족반역자
의 숙청이 해방 후 미군정에서나 건국 후 반민법 시행과정
에서나 실패 좌절되었다. 1960년 4 · 19혁명이 다시 한번
도래한 좋은 기회였지만, 다시 5 · 16쿠데타로 원점으로
돌아갔다. 여기서 원점으로 돌아가서 다시 악화시킨 것이
다름 아닌 1965년의 한일 협정의 체결이었다. 이때부터
일제하에 조선반도를 중심으로 활약하던 친일파 세력의
시대에서 대륙 만주 등 변방 친일파의 시대가 개막되었다

고 하는 점을 주목해야 한다. 그것은 3대 연고 인맥으로 구성되었다. 하나는 박정희처럼 일본 만주 군관학교 등 일제 군대 출신자들과 둘은 최규하 같은 만주 대동 학원 출신자들처럼 만주국 괴뢰정권의 관료들이 있다. 그리고 셋은 이선근 같은 만주 등에서 오족협화회에 연고를 두고 친일행각으로부터 아편 장사, 밀정 각종 파렴치 범죄인에 이르기까지 만주 무대의 악당들의 인맥을 들 수 있다. 이들은 일본군이나 만주 괴뢰정부에 연고가 있는 끈을 통해서 박정희 시대에 등장하여 중심부 친일파를 누르다시피 하며 화려한 변신을 하였다.

거기다가 일본 제국군대 참모장교 출신 세지마 류조가 청와대를 안방 드나들 듯 하면서 정치고문관 노릇을 하였다. 그는 전두환 노태우 시절까지도 청와대를 드나들면서 올림픽을 해라, 내각제를 하라고 훈수를 했으니 이 나라는 누구의 나라인가? 그 세지마는 그의 회고록에서 말하길 "한일합방이 '침략'이라거나 '식민지화'라는 논리는 타당하지 않다고 하는게 나의 생각이었다."고 한다. 그렇다면 무엇이 침략이거나, 식민지화란 말인가? 우리는 일본제국에서 다시 계속해서 절이라도 하고 살아야 한단 말인가? 세지마를 모델로 한 소설인 야마시끼 도요꼬의 『불모지대』가 일부 군인이나 사업가의 필독서가 되고 있다고 하는 것도 알고 있다. 그런데 그 정도는 일본식 기업경영의 기법을 배우는 것으로 좋다고 해도 한국의 대통령이 일본의 군국주의자들의 제자가 되는 것은 잘못된 일이 아닌가?

더구나 일본 암흑가의 대부이고 중일전쟁 당시 비밀 특무 공작원이고 전범이며 록히드 사건의 주범으로 알려진 고다마 요시오에게 한국정부가 수교훈장까지 수여해 모셔왔다. 사다까 마꼬도, 『전후기업사건사』, 강담사.

이것은 우리의 지배구조에서 친일세력의 실세가 어느 정도였는가 하는 것을 단적으로 반영해 주는 것이다. 그렇다고 하면 지금 사정은 달라졌는가? 아니다. 그렇지 못하기 때문에 여기서 이 문제를 제기하는 것이다.

우리가 여기서 약칭으로 '한일협정'이라고 하는 것은 1905년 일본제국의 강압에 의하여 외교권을 강탈당하고 일본과 공식적인 정상 국교관계를 맺었다고 하는 국제조약이다. 명색이 이러한 나라 사이 관계의 60년의 공백과 비정상적 관계를 청산하고 새로운 출발을 하게 되는 조약 문서이기 때문에 아주 중요하다.

1965년에 체결된 '한일협정'이란 조약문서는 내용 별로 보면 한일기본조약을 비롯해 교포 법적 지위협정, 어업협정, 청구권 협정 및 문화재 협정 등이 있다. 조약의 본래 이름대로 부르지 않고 편의상 약칭을 썼다. 전문적으로 볼 사람은 원문을 법전에서 보면 된다. 여기서는 문제의 핵심을 보다 쉽고 분명하며 빠르게 따져보는 것이 중요할 것이다. 이들 조약 문건의 문제는 첫째, 합의 과정에서 뒷거래 흥정이 있었으며 우리에게 지나치게 민족 자존과 국민이익을 양보·포기하고 불리하게 되었다고 하는 것이고, 둘째, 문건의 내용 자체가 잘못되어 종군 위안부 문제같이 빠진 것까지 있다고 하는 것이다. 셋째, 이 협정 집행에서 해석이나 시행에서 협잡과 착오가 있다고 하는 것이다. 이로 말미암아 잘못되는 것은 민족적 모욕이고 국민의 피해이며 친일 부패 독재 세력에게 이롭게 됨으로써 나라꼴이 잘못되어 간다고 하는 점이다. 따라서 이대로 멍청하게 내버려두는 일을 다시금 나라와 민족을 팔아먹는 결과가 된다.

/ 기본조약의 문제점

한일 국교 타결의 기본 원칙을 정한 조약이 '한일 기본
조약'이다. 원래의 명칭은 '대한민국과 일본간에 기본
관계에 관한 조약'이라고 되어있고 전문과 7개 조항으로
되어 있으며, 두 나라의 외무장관이 전권대표로 서명하고
있다. 그런데 이 조약은 분명히 1905년 한국(당시 대한제국)에
대해 일본(당시 대일본제국)이 강압적 수법으로 외교권을 포기하
도록 강요해 마침내 그에 이어 일본이 한국의 주권을
완전히 1910년에 공식적으로 강탈하여 지배해 온 경위와
그에 대한 양측의 입장을 어디에도 밝히고 있지 않다.
원래 1915년에 일본이 연합국을 비롯한 교전 또는 점령
당사국과 체결한 강화조약에서는 그 역사적 경위와 일본
측의 침략에 대한 시인과 사죄가 전제되어서 조약이
체결되게 됨을 밝히고 있다. 그런데 이 한일기본조약이라
고 하는 문건에는 그간의 모든 경위나 그에 대한 사과와
사죄의 표시가 생략된 채 양국 정부의 국교정상화의
희망에 따라 조약을 체결하게 되었다는 식의 간략한
언급이 있고 한국 정부가 초청당사국도 못된 채 체결된

1951년 샌프란시스코 강화조약의 한국관계조항을 한국이 상기해 이 조약을 체결한다고 했다. 일본제국의 침략과 불법강점기간 동안의 가해사실에 대해 아무런 사과나 사죄의 표시도 없이 이렇게 간단하고 건방지게 일본측이 마무리하고 우리가 그것을 시인한다고 하는 것 자체가 국제의례에 반하는 치욕적인 것이라고 하겠다.

그러한 조약은 강화조약도 아니고 그렇다고 새로이 만난 나라 사이의 통상조약도 아니다. 우리와 일본 사이에는 과거의 침략사실을 마무리는 해야 되겠는데 그에 대해서는 제2조에서 합방조약을 강요해 체결한 날짜1910년 8월 22일 및 그 이전에 두 나라 사이에 체결한 조약이나 협정이 이미 무효임을 확인한다고 하는 것으로 구렁이 담 넘어가듯이 얼렁뚱땅 본론은 비켜 가는 것으로 처리하고 있다. 여기서 당시에 일본 제국주의자의 악랄하기 짝이 없는, 그러한 강요에 따른 조약이 애당초 무효인지, 그렇지 않고 어느 시점에서 무효가 된 것을 확인하는 것인지 애매하다. 일본측 해석으로는 합방조약의 무효는 1948년 한국이 독립이 됨으로써 무효가 되었다고 한다. 참으로 기가 막힌 일은 그렇게 해석하면 일본 제국주의의

1905년부터의 강점 지배와 만행을 합법이라고 하는 해석이 된다. 여기서 일본의 군국주의자 뿐만이 아니고 정부 당국자가 한일조약이 일본이 베풀어주는 한국독립의 축하조약이고 청구권 자금의 성격이 배상으로서의 성격이 아닌 축하금의 성격이라고 하는 궤변이 나오게 된다. 우리의 독립투쟁은 불법적인 범죄행위가 된다고 하는 논법이 통하게 된다. 지금도 일부 친일파 민족반역자는 일제하에서 독립투쟁을 폭행·강도·살인행위의 범죄라고 한다. 그러한 억지 논리의 근거를 마련해 주는 것이 바로 여기에 있는 것이다. 이것은 우리 헌법이 법통으로 삼고 있는 상해 임시정부를 스스로 부인하고 상해 임시정부의 1941년 건국강령에서 제시한 친일파의 범죄행위 단죄의 논리와도 양립될 수 없다. 이래도 되는가? 전문과 함께 이 조항은 다시 수정해야 할 조항이다.

다음에 1965년 이 조약 체결 당시 정부는 이 조약 제3조에서 한국정부가 한반도에서 유일 합법 정부임을 확인했다고 떠들썩하게 선전하며 국민을 기만했다. 이 조항 제4조에서 국제연합총회의 결의 제195(3)호에 명시된 바와 같이, 한반도에서 유일 합법 정부라고 함은 38도선 이남의 한정된 지역에서의 유일 합법적이라고 하는 말이다. 그런데 한국정부가 북위 38도선 이북까지도 포함하는 유일 합법 정부로 국제연합이 결의한 것처럼 속이고 이에 대해 학자나 언론인은 그 속을 뻔히 알면서 가만히 있고, 나아가서 일부는 정부의 거짓말에 동조해서 국민을 속였다.

이 기본조약에 따라 외교관계가 정상화되고 부수적인 협정이 맺어지게 되는데 처음에 잘못 낀 단추로 말미암은 민족정기의 실추와 민족 자존심의 훼손으로부터 한일관계의 변칙적 전개가 시작된 것이다. 지금까지도 이 협정에 대해 그 정당성을 주장하는 논리가 일부에서라도 통한다고 하는 것은 민족적 수치이고 민주주의에 대한 배반이 아닐 수 없다. 일본 정부 당국은 당시에 친일 군인의 쿠데타 정권의 자체 약점과 친일 군인들의 무지까지도 최대한 악용해서 그러한 엉터리 조약을 맺게 한 것이다. 이것을 그대로 방치한다고 하는 것은 올바른 한일관계를 돌이킬 수 없게 왜곡하는 죄악을 범하는 것이다.

/ 밀실 흥정 3억불에 민족의 존엄과 권익을 팔아 넘긴 제2의 이완용(?)

일본 제국주의 반식민지 내지 식민지 상태하에 있던 기간을 돌아보면서 일본의 한국 강점을 살펴보자. 일본 제국주의가 서양의 함포 외교로 우리의 문호를 개방한 것은 1876년 강화도 조약^{조일수호조약}의 체결로 부터이다. 이 시기에 우리는 이미 일본 제국주의를 비롯한 미국·영국·프랑스·러시아 등 열강의 반식민지로 되었다. 그러다가 1894년 청일전쟁에서 일제가 승리한 후에는 사실상 일본 제국주의의 단독 주도하의 반^半식민지가 되었다. 일본 제국주의자들 마음에 안 든다고 왕궁에 일본 공사 지휘 하에 무력집단을 난입시켜 왕비를 찔러 죽이는 판국이니, 독립 자주국가가 아닌 식민지임이 분명하다. 1905년 러일전쟁에서 승리해 을사조약이 체결되어 보호국이 되었을 때는 이미 정식으로 일본 제국의 식민지가 되었다. 이러한 반식민지로부터 식민지로의 기간의 지배는 몇 년으로 보아야 할까? 그간에 일제가 가한 가해를 1,2억불로 환산해 3억불로 낙찰을 시킬 수 있는가? 그

3억불이라고 하는 근거는 어디에 있는가? 이 점이 나는 아직도 납득되지 않는다. 어느 논자는 일제 강점 36년 매년 1억불씩 쳐서 35억불로 예정했다고 한다. 이 36년도 정확하지 않다는 것은 식민지 지배가 40년이라고 한 것으로도 이해가 될 것이다.

여기서 청구권 3억불이니 어쩌니 하는데, 당초부터 일본의 침략과 강점을 시인 사죄하지 않았기 때문에 배상금이라고 하는 명목의 돈은 있을 수 없고, 당시의 한국정부는 자진해서 배상청구권을 포기하고 일본측에 의하면 '독립축하금'조로 3억불을 받는 것이 되었다.

이 3억불을 당시 일본 엔(원)화로 환산하면 1,080억 엔이 다. 그런데 물론 달러나 엔화로 주는 것이 아니고 일본의 상품과 용역으로 10년간 지불한다. 일본은 장사를 해 한국 시장도 개척하고 그야말로 꿩 먹고 알 먹기 거래이다.

여기서 일본 제국주의가 태평양전쟁 당시에 침략 점령 했던 동남아의 일부 나라의 예와 비교해 보면 다음과 같다.

필리핀 : 1980억엔

월남(남부) : 140억 4천만엔

미얀마 : 720억엔

인도네시아 : 808억 880만엔 (별도 무상공여 663억 870만엔)

한국의 1,080억 엔은 필리핀보다 적다. 필리핀은 4년여 강점 당했었는데 우리의 40년 강점보다 높이 평가한 것은 상대적으로 우리를 비하시켜서 대하고 있는 것이다.

그러면 우리가 정당한 배상청구를 포기하는 이외에 교포지위 협정이나 어업협정과 문화재 협정에서 터무니없는 양보를 해야 할 이유는 무엇인가?

무엇보다 한국정부나 일본정부는 군인, 군속, 강제 연행한 노무자나 종군위안부로 끌려가서 죽거나 폐인이 되거나 생존한 사람들이나 그 유족에 대해 그들 개인이 가지는 권리까지도 처리해 버릴 권한이 있다고 할 수는 없다. 지금 당장 종군위안부로 강제연행 당했던 생존 피해자의 배상 문제에 대해서도 이 점은 지적되어야 한다. 다음에 일본군인 군속에 근무한 사람이나 유족에 대해서도 일본법령에 정한 처우를 응당해야 한다. 죽음의 전쟁터로 끌고 가서 총알받이나 노예로 부려먹을 때에는 일본 제국의 신민이고 배상과 보상을 할 때에는 일본 국적을 상실했다고 하는 법리로 우겨대어 제외시키는 파렴치한 일을 시정해야 한다. 우리 정부가 먼저 당당히 주장했어야 하는데, 지금이라도 주장해야 한다. 그리고 재일교포를 생지옥의 피해자로 방치하게 한 매국협정을 정부는 즉시 시정하도록 조치해야만 교포에 대한 차별과 학대의 편견을 시정할 수 있을 것이다.

그리고 여기서 지적해 두어야 할 것은 사할린의 버려진 우리 동포의 문제로부터 원폭피해자에 대한 문제까지도 그냥 넘어가선 안 된다. 어떻게 하든 반드시 짚고 넘어가야 한다. 이대로 방치되어선 일본정부나 한국정부나 모두가 죄인으로 남고 결코 용서를 받을 수 없는 원한을 천추에 남기게 될 것이다.

그 밖에도 일본 군국주의의 정신적 본산이기도 한 일본 침략전쟁의 전사자를 제사지내는 야스꾸니 신사에 합사된 한국인 전몰자를 따로 모시는 일이다. 한국인으로서 억울하게 일본의 침략전쟁에서 죽음을 당하고, 죽어서까지도 어째서 일본 군국주의의 정신적 본산에 갇혀 있어야 하는가? 이에 대해서는 이를 시정하기 위한 민간 차원의 운동이 있으나 정부는 이를 방치하지 말고 적극 나서서 시정토록 일본 정부와 교섭해야 한다.

여기서 한 가지 분명히 하고 넘어갈 일이 있다.

한일 국교를 타결한 정부가 군사정부였고 친일파의 정부였다고 하는 점에 근본적으로 잘못이 있었다. 당시 정부 당국은 정권유지를 위해서 민족을 배반한 교섭을 했다. 국민의 분노가 폭발해 굴욕 매국 외교를 반대하자, "내가 제2의 이완용이가 되어도 성사시키겠다."라고 하면서 밀실 막후 비밀교섭을 통해서, '김·오히라 메모'라는 것으로 주요 현안을 일괄 타결하는 무모한 짓을 했다. 그러고도 그 장본인은 지금까지도 한일국교가 잘된 것이라고 뻔뻔스러운 말을 하고 있다. 한일 국교로 얻은 것과 잃은 것을 당장 따져도 민족적 자존심의 손상으로부터 친일 세력을 살찌게 하여 독재정권을 강화해 민주화를 저해하고 부정한 부를 일부 독식한 졸부가 민족정기를 망치고 정신의 황폐화와 공해 강산이라고 하는 껍데기 개발과 빚더미를 남겨 결국 성수대교의 붕괴와 삼풍백화점의 붕괴 참사로 상징되는 한강의 기적이 아니라 한강의 몰락과 오염과 황폐화를 초래했다고 하면 지나친 말일까?

한일 국교의 잘못됨은 일본의 일부 지배층에게 유리하게 작용했다고 할 때에 그 실상이 무엇인가를 살펴보아야 한다. 그것은 일본의 일부 독점 자본과 그에 기생하여 그의 이해를 대변하는 반민주적 우익 군국주의 세력을 강화해 주는 결과가 되었다.

그 결과는 한국에 대해서는 독재정권과 그에 기생하는 친일파 세력을 유리하게 만들어 주고 있는 것이다. 바로 이것이 한일 국교가 잘못 전개됨으로써 벌어지고 있는 우리가 당하는 현실이다.

한일국교의 잘못된 관계에서 생긴 부정한 과실을 따먹으며 친일파로 이루어진 독재세력인 기득권층이 부귀영화를 누릴 때에 항일운동을 한 애국자나 그 유족은 박해당해 거지꼴로 3대가 망하고 일제 강점과 침략으로 정작 희생당한 사람들은 아무런 배상과 보상도 못 받고 시들어 가고 있다. 재일교포들의 말 못할 차별과 천대를 받는 처지로부터 아직도 악몽에 시달리는 원폭피해자나 말년을 저주와 회환으로 시들어 가며 죽어가는 종군위안부의 낙인이 찍힌 이 땅의 딸들을 보라.

한일협정의 문제점을 풀어가며 과거 청산을 하는 길

/ 일본 정부 당국의 침략 시인과 가해에 대한 사과·사죄
  문제

　다른 나라에 대한 침략과 그 피해에 대한 사죄의 사례를
독일 정부의 책임 있는 사과와 배상과 보상에서 볼 수
있다. 보도를 통해 한 가지 사례를 보면 독일정부는 1993
년 초부터 1995년 6월까지 나찌 피해 생존 유태인에게
2억 6천만 마르크의 보상금약. 1440억 원 상당을 지급했다. 그
내역을 보면 강제수용소, 감옥 또는 게토에 감금되었던
사람들과 그 밖에 비인간적 환경에서 은닉생활을 한
사람들이 대상이다.『한겨레신문』, 1995.10.7. 일본이 보다 민주화
되어 한국 침략에 대해 진심으로 사죄하는 민주정부가
들어서고 국민의 정치수준이 대한민국에 대한 편견이
벗어나게끔 수준급으로 향상되지 않는 한은 그러한 조치

를 기대할 수 없다. 따라서 우리는 군국주의의 환상을 추구하는 일본인들이나 사죄를 인정할 양식이 결여된 일본정부에 대해 사과나 사죄를 구걸할 것은 없다.

그렇다고 사과도 않고 사죄의 뜻이 없는 일본 정부나 군국주의에 기울어져 과거의 패권주의시절에 향수를 느끼는 세력에 대해 용서나 화해를 한다고 해서 될 수 있는 것도 아니다. 참회해 용서를 빌지 않는데 무엇을 어떻게 한단 말인가? 역사의 진실이 통할 수 있도록 우리가 해야 할 일을 하고 의연하게 나가는 것이다. 아울러 민주와 평화를 지향하는 일본의 개인과 단체와 연대해 나가는 것이다. 그러한 국제적 연대가 한일 과거 청산 운동에서 국제적 협조의 핵심이 되는 운동의 일부가 될 것이다.

/ 민족을 배반한 친일 매국노에 대한 심판과 청산 문제

과거를 너무 따지지 말자고 하고 지나간 일을 너무 따지면 전진과 미래 지향에 지장이 있다고 한다. 참으로 그럴까? 아니다. 과거를 따지지 못하고 역사에 교훈을

배우지 못한 민족은 몰락한다. 한국사회 오늘의 문제는 과거에 대한 심판과 청산이 없었기 때문에 생긴 것이다. 지금이라도 한일협정이 잘못되어서 친일파가 득세하게 되고 민주화가 저지되고 있으며 일제에 의한 피해자가 불공평하게 대접받고 있다고 하면 주저 없이 신속하게 시정해야 한다.

개인적 피해배상이나 보상은 응당 받도록 해야 하고 군사정권이 잘못해서 배상과 보상을 못 받고 그밖에 다른 피해를 주었으면 정부가 직접 책임지고 배상과 보상을 받도록 해결해야 한다.

그리고 한일협정의 이면에서 반민족적 행위로 부정축재를 하거나 민족에 대한 배반을 한 행위 자체가 도저히 용서할 수 없다고 하면 그것도 공개적으로 따져야 한다. 지나가면 그만이라고 하는 무책임과 책임회피의 논리를 가지고 친일파가 살아남는 선례를 남겼기 때문에 사회기강이 땅에 떨어졌다. 이것을 그대로 놔둘 순 없다. 어느 민족이고 민족공동체를 배반해 민족 생존의 기반을 붕괴시킨 배반자를 그대로 방임하는 일은 없다. 그러한 일이 통할 수 있는 조직체는 결국 몰락하기 때문이다.

/ 한일 협정의 문제점 시정과 일제잔재의 청산

우리가 잘못된 과거를 청산하고자 할 때에 나는 무엇보다 일제 잔재의 청산을 생각한다. 일제 식민지 지배하에서 이용되어 온 잘못된 정신이나 제도와 악습, 관례가 문제인 것이다. 그것은 친일세력이 민중을 기만하고 지배할 수 있는 토양이 되고 있는 것을 알아야 한다. 우리들은 굴욕적이고 매국적인 한일협정이 체결되었을 때에도 일부 지식인을 제외하고는 분노할 줄 몰랐다. 무엇이 잘못되었는지 가릴 수 없도록 일제의 노예로 길들이는 식민지 잔재에 익숙하게 길들여져 있었기 때문이다. 한편 친일파의 집권지배세력은 일제의 식민통치가 남겨 논 일제 잔재를 바탕으로 그것을 민중 기만과 지배에 활용하여 이 땅의 지배자로 계속해서 군림해 온 것이다.

여기서 우리는 정치적으로 민중을 노예로 만들고 있는 권위주의와 관료주의와 군국주의의 잔재를 때려 부셔야 한다. 경제적 불공평과 수탈의 장치가 되어 오는 일제 식민지 시대의 방식인 악덕 독점 기업의 하도급 착취나 독점 독식의 수법이나 노동인권의 주장을 좌경 용공으로

130

모는 매카시즘적 수법이 통하는 풍토에선 복지사회가 이룩될 수 없다. 무엇보다도 지역적·족벌적·종파적 편파성을 띤 감정을 자극해서 맹목적이 되게 하는 파벌·연고주의와 지역감정으로 분열시켜 지배하는 식민지 지배의 우민정책에서 해방되어야 한다. 결국 일제 잔재의 특징은 민중을 우민화와 노예화시켜서 민중을 지배하는 족쇄이고 굴레라고 하는 점이다. 이를 명확히 알고 자유인이 되려는 스스로의 결단과 노력 및 투쟁이 있어야만 한다.

한일협정 왜 개정해야 하나?

한일협정은 반민족적, 위헌적 조약이므로 고쳐야
한다.

　한일협정이란 1965년 한국정부와 일본정부 사이에 맺
은 제반 합의를 내용으로 하는 조약들이다. 여기에는
한일기본조약, 청구권협정, 어업협정, 문화재 반환협정
및 교포지위협정이라고 속칭되고 있는 조약들을 포함하
고 있다.

　원래 일본제국주의가 1876년의 함포외교로 조선왕조
정부를 위협하여 불평등조약을 체결하여 문호를 개방시
켜서 침략의 첫발을 딛기 시작한 이래, 1884년의 갑신정
변에의 군사개입을 비롯해 1894년에는 농민봉기에 개입
하여 군사침략을 감행하여 한국을 군사점령 하였고 1895
년에는 일본공사 마우라의 지휘로 궁성에 침입 왕비살해
의 만행을 자행하고 1904년에는 러시아와의 전쟁을 계기

로 군사침략 해 1905년 보호국화하여 식민지화에 착수 결국 1910년 공식으로 조선왕조를 제압하고 조선을 식민지화했다.

그래서 1919년 3·1운동을 계기로 수립한 상해 대한민국임시정부는 1945년의 대일선전포고로 공식으로 일제와의 전쟁상태에 돌입하여 일제패망의 해방의 날1945년 8월 15일을 맞았다. 그렇지만 아시아에 식민지를 가진 영미 제국열강은 끝내 임시정부를 승인치 않고 해방 후에도 해체를 강요하여 남북분단의 군정을 실시했다. 이러한 국제관계상의 제약 때문에 1946년 동경 전범재판에서는 일제침략의 최대의 피해자인 한민족이 외면된 채 전범처벌이 마무리 지어졌다. 결국 한국에 대한 침략은 간접으로 전범재판에서 면제 당하고 면책되는 결과가 되었다. 그 뿐만 아니라 1951년 일본이 샌프란시스코 강화조약을 당사국들과 체결함에 있어서도 미국과 일본은 한국을 제외한 채 한국처리 조항을 설치 규정하였으며 한국의 일본과의 지위는 국제조약상으로도 애매한 위치에 전락했다. 이에 대해 당시 이승만 정권은 일본이나 미국에 대해 공식적으로 한번이라도 우리 정부의 입장을 표명했다는 기록이 없다. 민족적 이해와 운명을 제3국이 임의대로 처리하는데도 그냥 방관한 이승만과 그 정부의 정체는 무엇인가? 그 후 한일 국교를 위한 교섭은 일본의 고압적 자세로 결국 구보다 대표의 망언으로 결렬 된 채 미결로 군사정권 당시에 이른 것이다.

그러면 왜 군사정권 하에서 한일협정은 전격적이라고 할 정도로 졸속 처리되었는가? 당시 군사정권은 쿠데타로 합헌정부를 전복시킨 정통성 결여의 지배집단으로 박정희가 케네디를 순방하는 등 불안한 입장을 겪어왔다. 다만 만주 괴뢰국의 일본장교 오까모도 미노루岡本實 중위에 대해 일본의 지배층은 친근감과 기대를 가지고 교섭의 전기로 삼으려고 움직이기 시작했다. 한편 미국으로선 동북아시아의 일본 재무장에 의한 미·일·한 등 3국 군사동맹의 틀을 짬에 있어서 일본의 부담과 역할을 기대해 군사정부에 압력을 가했다. 미국정부가 매가나기 대사를 통해서 이승만 몰락에 강력하게 작용한 이유의 하나도 이승만의 고루한 일본과의 관계 고집으로 미국 전략의 차질을 시정하고자하는 의지가 반영되고 있었다. 그리고 미국은 무엇보다 월남에서 참전국으로 한국군을

끌어 들이길 원했다. 이러한 상황에서 박정희 정권은 대일국교를 미국이 원하는 대로 이끌고 월남참전까지 흔쾌히 승락함으로써 일본으로부터 정치자금도 얻어내어 정권안정을 꾀하려고 했다. 한일국교 전후 김·오히라 비밀메모의 밀실흥정과 중앙정보부가 주동이 된 4대 의혹사건일본자동차 도입 부정, 빠찡코 기기 도입과 설치의혹사건, 증권조작사건 및 워커힐 건설사건 등으로 그 부정이 단군이래 최고·최대의 부정 사건으로 기록되었다. 결국 일본으로부터 무상 3억 달러와 유상 2억 달러 도입과 월남참전으로 청년의 피흘린 대가로 10억 6천 만불 가량의 이득을 보았다고 한다.「월남참전으로 10억 3,000만불 외화 벌어」,「한국일보」, 2000.5.3.

무엇보다 한일협정은 그 굴욕성과 매국성에 항의하는 학생과 시민대중의 항의를 계엄으로 진압하며 국회에서 날치기 통과를 해서 군사정권이 민족반역의 비판을 무릅쓰고, 김종필의 말을 빌리면 "제2의 이완용"이 되는 것도 불사한다고 강행 체결한 것이다. 따라서 이 조약은 정통성이 없는 친일파 정부가 민족 반역적 저자세로 밀실흥정을 통해 강행한 것이기 때문에 '국민의 정부'가 된 이 시점에선 재검토해야 한다.

　무엇보다 이러한 조약체결의 경위와 과정의 반민족성
과 불법뿐만이 아니라 이 협정 내용이 잘못되어 있다.
특히 35년이란 세월이 지나면서 그 잘못된 것이 명백히
들어 난 것이며, 그간의 한일 양국이나 주변 국제관계도
변천했다.

　지금 일본정부는 북측과 수교를 서둘며 원칙으로 침략
에 대한 사죄를 명시한다는 것을 인정했다. 한국정부에게
는 인정 안 했던 것을 인정했다. 청구권자금도 배상이나
보상의 형태로 200억 달러 내외가 거론되고 있다. 뿐만
아니라 북측은 한국전쟁의 가해자와 수해 · 이득 취득자
로서 일본의 보상책임을 주장하고 있다.「북 수교보상금 200억불
요구」,「대한매일」, 2000.4.11.

　거기다가 일본 자체 안에서도 야당인 보수계의 민주당
은 한국인의 징용 군인 · 군속 보상이 일본인과 동등하게
되어야 한다고 법안을 제출하여 1965년 한일협정의 잘못
을 뒤늦게 나마 시정하려고 하고 있다.「한인 징용군인 – 군속보상
일본인과 동등대우해야」,「한겨레신문」, 2000.4.21.

한일기본조약, 강화조약도 아니고
통상조약도 아닌 괴물

한일 협정에서 군사정부가 가장 잘못한 매국적인 반민족적 처사는 한일기본조약이다. 한일협정의 원칙적 총강에 해당하는 1876년의 일제침략 이래 1910년 강점사건을 계기로 한 두 나라, 두 민족의 과거를 정리하는 강화조약에 해당하는 조약에서 그 전문이나 본문 어디에도 한일 양국 사이에 그간에 경과와 그에 대한 일본의 침략사실의 인정과 유감표명이나 사과·사죄의 명시를 통해 새로운 선린 우호관계를 수립하겠다는 아무런 언급이 없다. 이런 조약은 이 조약이외에는 어디에도 없다.

1951년에 샌프란시스코 강화조약은 2차대전 당시의 침략을 청산하는 조약인데, 여기선 몇 년을 잠정 점령한 필리핀, 인도네시아, 스리랑카, 버마미얀마 등에 대한 사과 사죄에 따른 제반조치가 명시되고 있다. 그런데 사실상 1894년 청일전쟁 당시부터 군사점령으로 침략을 자행한 조선한국에 대해선 일본정부가 한국과 새로이 국교를 트는 조약에서 아무런 언급도 없다는 것은 일본으로 보면 침략에 대한 사죄이유가 없다는 것이고 한국으로선 그러한 일본측의 입장을 인정한다는 것이다.

매국 굴욕 조약, 사죄명시가 없는 조약

친일파인 박정희 개인이나 그 일당으로선 그럴 수 있을지 모르나 우리 정부나 국민으로선 인정할 수 없다. 그러한 매국굴욕조약은 인정할 수 없다. 이렇게 사죄가 없기 때문에 배상금이나 보상금이 아니라 '독립축하금'이니 청구권 금액이나 애매한 말이 되고 일본인의 한국 침략에 대한 도덕적 불감증을 만성화시킨다. 오히려 일본 침략이 한국의 발전에 기여하였다는 것이다.^{구보다 망언의 요지} 그리고 박정희 같은 친일파가 나오게 되어 한국에 도움이 되었다는 친일파 공헌론이 나온다. 한국이나 일본의 박정희 찬양론의 골자는 일제식민주의의 주구가 한국 발전에 기여했고 따라서 한국은 일제 식민주의의 유산에 바탕을 두어야 발전한다는 것, 다시 말하면 일제가 뿌려놓은 식민사관인 정체사관과 한국인 열등론에 지나지 않는다.

강압적으로 체결된 조약의 무효 해석의 이중 양면성

1910년 한일 병탄조약은 이미 무효란 조항을 두고 일본정부의 공식 견해는 1965년 일본 외무당국자의 국회 답변이래 일관되게 한국이 1948년 정부수립이 됨으로써 무효란 취지로 해석해 온다. 그런데 한국의 군사정권은 1910년 체결 당초부터 원인 무효로 정한 것이라고 한국인을 속이고 있었다. 가량 우리의 해석이 그렇다고 해도 일본정부가 그러한 해석을 하지 않으면 아무 소용이 없다. 오히려 국력이 강한 일본측의 해석의 비중이 기울게 된다. 그렇게 되지 않기 위해서 명문으로 정확히 표시하는 것이고 각서를 교환하는 것이 필요하면 그렇게 해야 하는 것인데, 그런 일은 하지도 않고 되었다는 식으로 35년을 지나 온 우리의 정부나 외무부당국이 한심하다.

한반도 유일합법정부란 것에 대한
두 나라의 다른 해석

기본조약에선 대한민국정부가 유엔승인의 유일합법정부를 명시한 조항을 들어서 한반도 유일의 정통성을 공인했다고 하는 것이 한국정부의 국민에 대한 변명에 가까운 해석론이었다. 그러나 일본정부는 규정대로 유엔 감시하에 38선 이남에서 선거로 수립된 유일한 합법정부임을 유엔총회가 인정한 것을 일본이 같은 입장에서 대우한다는 것이다. 38선 이북의 정부가 불법이라거나 인정 안하는 것을 의미한다는 것은 아니다. 그래서 일본은 북측과 수교를 서두르고 있다.

1990년대 전후의 정세변화와
남북유엔동시가입에 따른 대응

지금 우리는 남북 양측정부가 유엔에 동시가입하고 남북합의서란 남북간의 조약에 해당하는 협정이 있다. 이에 대해 일본정부의 입장을 재규정하며 특히 남북의 평화적 교류와 통일 노력 등 국제관계의 예민한 사안에 대해 일본정부가 어떻게 할 것인가 하는 점을 기본원칙을 정해야 한다. 왜냐하면 일본정부가 통일노력에 방해가 되어서도 안되며 남북양측에 대해 이상한 관계를 가져서 우리 국가 이익을 해치는 결과가 되어서도 안 된다. 일본은 남북 분단에 대해서 분명히 미소 등 강대국과 함께 책임이 있다. 이 점을 감안해서라도 기본조약에서 남북관계와 일본정부의 기본 입장이 조정된 것을 명문화해야 한다.

청구권이란 이름으로 배상과 보상의 개인 권리까지 흥정한 조약의 문제

군사정권은 3억 불의 돈을 흥정하느라고 침략에 의한 일제 범죄의 최대의 피해자인 국민의 죽음과 불구, 일가 파산과 가족해체, 개인재산의 약탈 수탈에 대한 피해 등을 합법정부도 못되면서 흥정의 도마에서 팔아먹었다. 원폭피해자를 비롯해 사할린에 버려진 동포, 군인 군속 징용 등으로 죽고 불구자가 되고 알거지가 되고 가족이 해체 이산된 사람이나 강제납치 당해 성노예가 된 처녀 부녀자들을 방치했다. 이들의 신분은 일제하에서는 '일본제국 신민日本帝國 臣民'이라 해서 노예화시켜 신세를 망친 것인데, 보상·배상선 일본제국의 신민이 아닌 조선사 람조센징=朝鮮人이니 제외한다고 하는 것을 그대로 묵인해 온 것이 다른 정부가 아닌 한국 정부이다. 그리고 한일협 정에서 이러한 것을 기정사실로 받아드려서 결국 국제법을 공연히 위반해서 개인의 권리를 침해한 것이다. 이러한 한·일 두 정부 당국의 밀실 흥정을 통한 개인 권리침해는 국제법으로나 국내법으로나 인정할 수 없다.

청구권 협정은 전면 검토되어야 한다. 지금 일부 일본 정부당국이나 한국의 친일파로 한일협정에 책임이 있는 자들은 세월이 흘러서 일제강점과 침략의 피해자들이 사라지고 국민의 기억에서 사라지길 기다리고 있다. 시간을 끌면 그것으로 해결책이 된다고 하는 것이 그들의 상투적 수법이다. 그러나 이 문제는 그대로 넘어갈 수 없다.

모르긴 하지만 북측에서 일본정부와의 교섭에서는 결코 한국식 해결이 통하기 어려우리란 것은 그간의 행적으로 봐서 짐작하기 어렵지 않다. 만일 북측에 대한 배상과 보상이 한국측에 대한 그것과 현격한 차이가 있고 질적·내용상 다르게 나타날 경우에는 그 친일파군사정권의 죄과를 어떻게 좌시할 것인가? 국민에게 특히 피해자 당사자나 유족에게 변명이 통할 것인가?

우리 정부가 스스로 버린 재일동포들의 비극

이승만 정권 이래 재일동포에 대한 대책과 처우는 실패와 무대책의 연속이었다. 백만 가까운 동포를 버려둔 채 그들의 좌경성만 신경을 곤두세워서 일본의 정부와 한 패가 되어서 남의 국민 다루듯 해왔으니 말이다. 역대 거류민단장은 박열을 제외하곤 재일동포를 대표하기엔 부족했고 특히 일본대사는 왜 그리 친일관료나 일제 군인출신이나 정보부 출신을 선호했는지, 그러한 결과가 지금까지 무엇을 초래했는지 심각하게 반성해야 한다.

먼저 재일동포의 일본거류연고는 역사적으로 일본정부가 다른 나라 외국인과 동일하게 취급할 수 없는 역사와 국제정치의 뿌리가 있다. 가족생활사로 볼 적에도 재일동포는 선대로부터 일본에 생활의 뿌리를 두어서 한국어조차 모르고 자라는 2세 3세 나아가서 4세까지 자라나고 있다. 개개인이나 가족 혈족으로서나 중대한 생존의 뿌리를 그들의 의지와 상관없는 운명으로 일본에 두게 되었고 그에 대해 일본은 역사적으로나 정치적으로 책임을 져야 하게 되어 있다. 이 점을 깊이 알아야 한다.

사할린에서 태어나서 일본의 패전을 사할린에서 겪은 재일동포 작가 이희성李恢成의 작품『사할린에의 여행』 등 몇 작품만 보아도 그들의 쓰라린 운명에 동포나 인간으로서 눈물을 흘리지 않을 수 없다. 한편으로는 그들 재일동포에 대한 일본정부의 무책임에 분노하지 않을 수 없다. 이럴 수 있는가? 그것에서 부족해 민족차별의 편견으로 지금까지 유미리 작가에게 가해지는 차별과 모욕을 우리 정부는 얼마나 관심을 가지고 대응하고 있는가?

재일동포의 자치체에서 참정권 문제에 대해서 우리 정부나 학자 및 정치인들은 무슨 뜻인지 아직 모르고 있다. 피부에 와 닿는 이해가 없이는 어떤 것도 올바르게 이해하여 처리할 수 없다. 그래서 친일파 정객과 관료 및 기업인이 이 민족을 계속해 배반해 오고 있는 것이 아닌가?

우리가 가다듬어야 할 자세와
반드시 고쳐야 하는 한일협정

한일협정에서는 위에 든 것 이외에 문화재 반환문제와 어업협정, 당장 코앞에 닥친 독도문제가 있다. 문화재 문제는 일제하에서 강도적 수법으로 약탈·반입해 간 것이다. 개인으로나 일제 당국으로서나 제국주의 식민지 약탈정책과정에서 벌어진 결과임을 재인식시켜서 해결을 서둘러야 한다. 우리 선조가 남긴 유산을 임진왜란이래 계속해서 일본의 약탈자에게 빼앗긴 채로 그것을 기정사실화하고 있다는 것은 치욕이 아닐 수 없다. 특히 문화재 반환협정에 대한 전문적 자문과 협의에선 친일파 부류가 끼어 드는 것을 막아야 한다. 왜 그토록 사람이 없어서 친일파 부류의 사람들이 기웃거리도록 하는가?

독도문제는 어민들의 어장관리 문제와 뒤얽혀서 일대

위기 국면을 예고하는 것으로 심각하게 제기되고 있다. 결국 어업협정을 기본틀에서 제대로 지키지 못한 채로 결국 일본측 주도로 여기까지 온 것이란 사실을 알 수 있다.

특히, 독도문제에 대해선 한일협정 당시에 막후 밀실협약성설도 있다. 그러니 그 의문도 해명하고 독도의 영토주권, 우리 국민의 생존권 수호의 차원에서 대응해야 한다. 3월 1일 장충단 공원에서 열린 독도문제궐기대회에 참석해 독도어민의 피맺힌 호소를 듣고선 참으로 암담한 심경이었다. 정상배와 모리배의 나라 팔아먹는 장난질은 더 이상 못하도록 해내는 일이 한일문제에 대한 것이다. 한일문제에서 박정희를 비롯한 친일정상배와 모리배의 돈줄이 있었다. 지금도 일본에 줄을 덴 돈줄에 기생하는 무리들을 우리는 묵과하고 있을 수 없다.

여기서 한일협정 '개정의 기본 요강'을 요약해 제시한다.

1. 1965년의 한일기본조약은 전면 폐기하고 다음과 같이 개정하라.

   (1) 전문에 일제의 침략경위와 사죄를 명시하고 그에

따른 미래의 한일친선우애의 정신을 천명한다.

(2) 그에 따라서 배상과 보상의 재검토와 보완사항의 필요성을 명시한다.

(3) 1910년 조약 이외에 한일간 1876년부터 1910년까지 강제 체결된 조약의 무효를 명시한다.

(4) 21세기 남북관계와 한일간의 입장과 협조를 명시한다.

2. 기본조약이외에 제 협정에서는 배상과 보상 및 그간의 사정변경에 따른 조약의 개정 보완을 한다.

(1) 개인의 배상과 보상에 대한 누락 사항을 보완한다. 특히, 징병 징용군속, 원폭피해자, 사할린 동포 및 일본군 성노예 피해자와 유족에 대한 사항을 명시적으로 정하여야 한다.

(2) 재일동포의 지위에 대해 양국 정부는 보다 진지한 논의를 재개하여야 한다. 자치제의 참정권을 비롯한 교육과 직업 및 영업에 대한 어떠한 형태의 차별이나 불이익을 주는 사항을 제거토록 한다.

(3) 어업협정과 독도 문제는 상호주권존중의 원칙에 따라 논의되어야 한다. 특히 독도의 한국영토임을 확인하는 조치가 따라야 한다.

(4) 문화재 반환협정에 대한 총체적인 재검토에 따른 시정책을 성의 있게 강구토록한 협정을 마련한다.

(5) 일본의 대북수교에 따른 문제 등 주변 정세에 대한 양국 사이의 현안문제에 대응하는 원칙이 재확인되어야 한다.

닫는 글

역사인식의 혼미와
역사의식의 빈곤이 가져 온 희극과 비극

20세기는 민족 문제와 사회 개조를 위한 혁명과 격동의 세기였다. 그리고 그 20세기를 뛰어넘을 2005년은 을사조약을 체결한 지 100년이 되는 해이기도 하다. 그럼에도 여전히 일제 잔재는 청산되지 않았고, 그 태만과 무능함 때문에 아직도 친일파라는 매국노 부류와 그 아류, 그리고 추종 세력들이 뻔뻔스럽게 일제 식민지화가 축복이었다는 등, 식민지 기간을 공공연히 미화하고 정당화하는 꼴을 봐야한다. 더욱이 지식인이라는 탈을 쓴 자가 그러한 말을 내뱉는 것을 말이다. 그러나 그에 못지않게 가슴 아픈 것은 젊은이들이 일본의 발달한 산업과 생활의 풍요로움과 편리함 등에 압도되어 정신을 잃은 나머지 '일본 찬양에서 한 걸음 더 나아가서 '친일파'를 자처하고 있다는 사실이다. 그러한 철부지, '자칭 친일파'는 우리가 말하는 '친일파'의 역사적 개념이 지닌 의미를 모른 데에서 나온 것이다. '친일'이란 단어풀이에 얽매어서, "일본 문화를 이해하고 일본의 선량한 벗과 사귀는 것이 '친일'이라면 '친일파'가 뭣이 잘못이냐, 그렇다면 나도 친일파다"라는, 역사인식을 몰각한 '친일' 논리의 함정이 빠진다. 우리가 '친일파'라는 말을 쓰는 것은 주로 일제하에서 매국노로 민족을 반역한 부류와 그 후손으로, 친일 기득권을 대물림하는 자들이나 그 아류 및 추종자들을 말한다. 그런데 철부지의 '자칭 친일파'라는 헛소리는 우선 역사에 대해서 제대로 알지 못한 데에서 비롯된 것이다. 기성세대가 가슴을 치고 반성할 일이다.

우리는 일본에서 평화와 민주를 지향하고, 한국의 벗과 친분을 맺고 연대하며 교류하고 협조하는 이들까지 거부하자는 것이 아니다. 우리의 독립운동가를 변호하는 데 앞장서 헌신한 후세 다쓰지布施辰治, 1879-1953 변호사에게는 우리 정부가 건국공로훈장까지 수여하지 않았는가? 이러한 일본인들도 있다는 것을 알아야 하지만 더불어 본모습의 일본에 대해서 우리는 더욱 잘 알아야 한다. 그래야만 우리 스스로를 알 수 있기 때문이다.

일본의 근대화운동, '메이지유신'의 두 얼굴

일본이 서양 제국주의 열강의 침략 앞에 식민지화되지 않고, 근대적 국가의 변혁을 이룰 수 있도록 한 메이지유신을 일대 사건으로 평가하는 것은 당연하다. 그러나 여기에서 살펴볼 것은 메이지유신의 근대화 개혁이 글자 그대로 위로부터의 개혁이었지 시민혁명의 과정은 아니었다는 사실이다. 그래서 산업화와 서양과학 기술의 수용 및 중앙집권적 근대국가로의 제도와 체제의 정비라는 긍정적인 면도 있었으나, 반면에 한계도 있었다. 메이지유신에는 시민혁명이라는 밑으로부터의 변혁을 통해서 쟁취될 수 있는 시민적 법치민주국가의 이념과 합리주의의 과학적 검증 정신이 결여되어 있다. 결국 민권을 제압하고 국권 중심의 부국강병의 관료통치와 국수주의적 군사국가로 발전해 나간 전쟁국가 체제를 이룩하게 된 것이다. 일본의 우익이나 극우는 이 점을 오히려 미화한다. '만세일계의 왕이 다스리는 신의 나라' 라는 신화에 집착하여 침략을 당연시하고 타민족을 비하·멸시하는 식민정책을 펴왔다. 그리고 지금은 그러한 아시아 여러 민족에 대한 침략·정복에 대해서 아시아 민족의 해방전쟁이었다고 말한다.

일본의 국수주의자는 일본의 왕가가 태양신을 시조로 하는 신의 자손이라는 신화를 들어 그것이 국체의 정화라고 우겨왔다. 지금 우리의 상식으로서는 하나의 농담으로도 먹히지 않지만, 그 신화를 국가이념으로 삼아 개인의 목숨까지도 희생하도록 강요하는 것이 일본의 제국주의였다. 천황에게 절대복종하도록 교육하고 정치를 하여 이에 세뇌당한 민중은 "천황폐하 만세"를 부르며 전쟁터에서 죽는 것을 영광과 감사로 받아들이도록, 그들의 제국헌법과 교육칙어로 순치화하였다. 그러한 노예지배 체제로서의 일본제국은 15년전쟁1931-1945을 감행하였다. 이 전쟁에서는 아시아 민족 2천만 명을 학살하고, 자기 나라 민중 3백만 명을 피살당하게 했다. 그런데도 패전 60년이 지난 지금에 다시 일본제국의 패권시대의 영광을 찾자고 하는 극우 우경 군국주의자들은 군수품 제조업자

의 후원을 받아서 역사를 다시 거꾸로 돌리는 데에 일부
성공하고 있다. 참으로 엄청난 일을 벌이고 있다. 우리는
일본의 과거 역사 속에서 그러한 점을 깨닫고, 일본이라
는 실체를 제대로 알아야 한다.

일본 침략사를 알아야 우리의 발자취와
우리의 처지를 깨닫게 돼

　청산되지 않은 친일파가 여전히 한국의 기득권 부류에는 존재하고 있으며, 이들은 스스로를 우익·보수라고 칭하면서 민주화를 위해 개혁하는 이들을 오히려 좌경·용공·친북從北 세력으로 몰아가는 등, 그들 매카시즘의 최후 무기를 동원하고 있다. 그야말로 마지막 카드를 동원한 것이다. 그러면서 '일제 시대 세금 내고, 가만히 그 체제에 적응하고 있던 자들도 모두 친일파가 아니냐'며 물귀신 작전으로 모든 사람을 친일파로 얽어 넣고 있다. 그리고 '이미 수십 년이 지난 과거를 이제 와서 무엇 때문에 다시 얘기하느냐'는 둥, '너는 잘 한 것이 뭐가 있냐'는 둥 하면서 되짚어 들씌우는 도둑의 매들기 식 전술을 구사하고 있다. 한편으로는 해방 후부터 흔히 구사했듯이, '친일파를 욕하는 놈은 대개 빨갱이이고,

빨갱이는 나라의 적이니, 친일파를 욕하는 네 놈이 곧 나라의 적이다. 그리고 빨갱이의 수작에 놀아나는 놈 네가 바로 뻘건 놈이다'라며 호통 쳐서 기를 죽였다. 당시 한국사람 치고 남북상쟁과 좌우격돌 속에서 빨갛게 피를 묻히지 않은 사람이 없었으므로 이 협박은 꽤 잘 먹혔다. 그 뿐인가? 다른 쪽에서는 '상생과 관용이 바른 길이 아니냐'는 그럴 듯한 말도 한다. 그들은 결코 독립운 동가나 애국자와 상생한 적이 없다. 그들은 용서를 빈 적도 없고 참회하여 응분의 대가를 치룬 적도 없다. 그런 데 상생과 관용이라는 명분을 들이대고 나선다.

특히 한국의 친일파 부류는 보수나 우익이라고는 하지 만 그 실체가 외국과는 다르다. 외국의 우익은 민족주의적 이다. 그러나 한국의 친일파는 민족 반역자이다. 한국의 보수는 외국의 보수주의자처럼 지켜야 할 전통이나 유산 이 없다. 지켜야 할 것은 부패기득권과 부정축재 재물이고 허위의 명망뿐이다. 이러한 모든 역설과 부조리함, 모순 의 구조는 일본의 침략과 식민 지배에 그 연원이 있다.

우리는 한국을 알기 위해서도 근현대 일본의 아시아 민족에 대한 식민지화와 그 지배의 실태를 알아야 한다.

닫
는
글

부 록

한일기본조약

1965년 6월 22일

1965년 2월 가조인

서명자   대한민국 외무부 아주국장 연하구

　　　　일본외무성 아세아 국장 우시로쿠 도라오

　　대한민국과 일본국은 양국간의 관계의 역사적 배경을 고려하며, 또한 선린관계 및 주권상호존중의 원칙에 입각한 양국간의 관계의 정상화를 상호 희망함을 고려하고, 양국의 공통의 복지 및 공동의 이익을 증진하고, 국제평화 및 안전을 유지하는데 양국이 국제연합헌장의 원칙에 합당하게 긴밀히 협력함이 중요하다는 것을 인식하고 1951년 9월 8일 샌프란시스코 시에서 서명된 일본국과의 평화 조약의 관계규정 및 1948년 12월 12일 국제 연합총회에서 타결된 제195호(Ⅲ)를 상기하여 본 기본 관계에 관한 조약을 체결하기 결정하고 전권위원을 따라서 그 다음과 같이 임명했다.

대한민국 정부　(서명) 이동원, 김동조
일본국　정부　(서명) 사이나 에쓰사부로, 다카스기 신이치

　　이들 전권위원은 그 전권위임장을 상호 제시하고 그것
이 양호, 타당하다고 확인한 후 다음의 조항에 합의하였다.

　　제1조　양 체약당사국간에 외교 및 영사관계를 수립한
다. 양 체약당사국은 대사급외교사절을 지체없이 교환한
다. 또한 양 체약당사국은 양국정부에 의하여 합의되는
장소에 영사관을 설치한다.

　　제2조　1910년 8월 22일 및 그 이전에 대한제국과
일본제국간에 체결된 모든 조약 및 협정이 무효임을
확인한다.

　　제3조　대한민국 정부가 국제연합총회 결의 제195(Ⅲ)
호에 명시된 바와 같이 한반도에 있어서 유일한 합법정부
임을 확인한다.

제4조

1. 양 체약당사국은 양국 상호관계에 있어서 국제연합
   헌장의 원칙을 지침으로 한다.

2. 양 체약당사국은 공동의 복지 및 공동의 이익을
   증진함에 있어 국제연합헌장의 원칙에 합당하게
   협력한다.

제5조 양 체약 당사국은 양국의 무역해운 및 기타
통상상의 관계가 인정되고 우호적인 기초위에 두기 위한
조약 또는 협정를 체결하기 위해 실행 가능한 한 조속히
교섭을 시작한다.

제6조 양 체약당사국은 민간항공운수에 관한 협정을
체결하기 위한 교섭을 실행 가능한 한 조속히 시작한다.

제7조 본 조약은 비준되어야 한다. 비준서는 가능한
조속히 서울에서 이를 교환한다.

본 조약은 비준서가 교환된 날로부터 효력을 발생한다.

이상의 증거로서 각 전권위원은 본조에 서명 날인했다. 1965년 2월 20일 서울에서 동등히 정문인 한국어, 일본어 및 영어로 2통을 작성했다. 해석에 상위가 있을 경우에는 영어본에 따른다.

대한민국 정부 (서명) 이동원, 김동조

일본국 정부 (서명) 사이나 에쓰사부로, 다카스기 신이치

한일문화재 및 문화협력에 관한 협정

1965년 6월 22일

대한민국과 일본국은 양국의 문화의 역사적 관계에 비추어 양국의 학술 및 문화의 발전과 연구에 기여할 것을 희망하며 다음과 같이 합의하였다.

제1조 대한민국 정부와 일본국 정부는 양국국민간의 문화관계를 증진시키기 위하여 가능한 협력을 한다.

제2조 일본국 정부는 부속서에 열거한 문화재를 양국 정부간에 합의되는 절차에 따라 본 협정 효력발생 후 6개월 이내에 대한민국 정부에 인도한다.

제3조 대한민국 정부와 일본국 정부는 각각 자국의 미술관, 박물관, 도서관 및 기타 학술문화에 관한 시설이 보유하는 문화재에 대하여 타방국의 국민에게 연구의

기회를 부여하기 위하여 보유하는 문화재에 대하여 타방국의 국민에게 연구의 기회를 부여하기 위하여 가능한 편의를 제공한다.

제4조 본 협정은 비준되어야 한다. 비준서는 가능한 조속히 서울에서 교환된다. 본 협정은 비준서가 교환된 날로부터 효력을 발생한다.

이상의 증거로서 하기대표는 각자의 정부로부터 정당한 위임을 받아 본 협정에 서명하였다. 1965년 6월 22일 동경에서 동등히 정문인 한국어 및 일본어로 본서 2통을 작성하였다.

대한민국을 위하여 (서명) 이동원, 김동조
일본국을 위하여 (서명) 사이나 에쓰사부로, 다카스기 신이치

한일어업협정

1965년 6월 22일

대한민국 및 일본국은 양국이 공통의 관심을 갖는 수역에 있어서의 어업자원의 최대의 지속적 생산성이 유지되어야 함을 희망하고, 전기의 자원의 보존 및 그 합리적 개발과 발전을 도모함이 양국의 이익에 도움이 됨을 확신하고, 공해 자유의 원칙이 본 협정에 특별한 규정이 있는 경우를 제외하고는 존중되어야한다는 것을 확인하고, 양국의 지리적 근접성과 양국어업상의 교착으로부터 발생할 수 있는 분쟁의 원인을 제거하는 것이 요망됨을 인정하고, 양국어업의 발전을 위하여 상호협력할 것을 희망하여 다음과 같이 합의하였다.

제1조

1. 양 체약국은 각 체약국이 자국의 연안의 기선부터 측정하여 12해리까지의 수역을 자국이 어업에 관하여 배타적 관할권을 행사하는 수역(이하 「어업에 관한 수역」이

라^함으로서 설정하는 권리를 가짐을 상호 인정한다. 단 일방 체약국이 이 어업에 관한 수역의 설정에 있어서 직선기선을 사용하는 경우에는 그 직선기선은 타방 체약국과 협의하여 결정한다.

2. 양 체약국은 일방 체약국이 자국의 어업에 관한 수역에서 타방 체약국의 어선이 어업에 종사하는 것을 배제하는 데 대하여 상호 이의를 제기하지 아니한다.

3. 양 체약국의 어업에 관한 수역이 중복하는 부분에 대하여는 그 부분의 최대의 폭을 나타내는 직선을 2등분하는 점과 그 중복하는 부분이 끝나는 2점을 각각 연결하는 직선에 의하여 양분한다.

제2조 양 체약국은 다음의 각 선으로 둘러 싸이는 수역(영해 및 대한민국의 어업에 관한 수역을 제외한다)을 공동규제수역으로 설정한다.

a. 북위 37도 30분과 동경 124도의 경선.

b. 다음의 각 점을 차례로 연결하는 선.

① 북위 37도 30분과 동경 124도의 교점.

② 북위 36도 45분과 동경 124도 30분의 교점.

③ 북위 33도 30분과 동경 124도의 교점.

④ 북위 32도 30분과 동경 126도의 교점.

⑤ 북위 32도 30분과 동경 127도의 교점.

⑥ 북위 34도 34분 30초와 동경 129도 2분 50초의
교점.

⑦ 북위 34도 44분 10초와 동경 129도 8분의 교점.

⑧ 북위 34도 50분과 동경 129도 14분의 교점.

⑨ 북위 35도 30분과 동경 130도의 교점.

⑩ 북위 37도 30분과 동경 131도의 10분 교점.

⑪ 牛岩嶺高頂

제3조 양 체약국은 공동규제수역에서 어업자원의 최대의 지속적 생산성을 확보하기 위하여 필요한 보존조치가 충분한 과학적 조서에 의거하여 실시될 때까지

저인망어업, 선망어업 및 60톤 이상의 어선에 의한 고등어 낚시어업에 대하여 본 협정의 불가분의 일부를 이루는 부속서에 규정한 잠정적 어업규제조치를 실시한다(「톤」이라 함은 총 톤수에 의하는 것으로 하며 선내거주구(船內居住區) 개선을 위한 허용톤수를 감한 톤수에 의하여 표시함).

제4조

1. 어업에 관한 수역의 외측에서의 단속(정선 및 임검을 포함함) 및 재판관 할권은 어선이 속하는 체약국만이 행하며 또한 행사한다.

2. 어느 체약국도 그 국민 및 어선이 잠정적 어업규제조치를 성실하게 준수하도록 함을 확보하기 위하여 적절한 지도 및 감독을 행하며, 위반에 대한 적당한 벌칙을 포함하는 국내 조치를 실시한다.

제5조 공동규제수역의 외측에 공동자원조사수역이 설정된다. 그 수역의 범위 및 동 수역 안에서 행하여지는 조사의 관하여는 제6조에 규정되는 어업 공동위원회가 행하여야 할 권고에 의거하여 양 체약국간의 협의에

따라 결정된다.

제6조

1. 양 체약국은 본 협정의 목적을 달성하기 위하여 한일어업공동위원회(이하 「위원회」라고 함)를 설치하고 유지한다.

2. 위원회는 2개의 국별 위원부로 구성되며 각 국별 위원부는 각 체약국 정부가 임명하는 3인의 위원으로 구성한다.

3. 위원국의 모든 결의권고와 기타의 결정은 국별 위원부간의 합의에 의하여서만 행한다.

4. 위원회는 그 회의의 운영에 관한 규칙을 결정하고 필요가 있을 때에는 이를 수정할 수가 있다.

5. 위원회는 매년 적어도 1회 회합하고 또 그 외에 일방의 국명 위원부의 요청에 의하여 회합할 수가 있다. 제1회 회의의 일자 및 장소는 양 체약국간의 합의로 결정한다.

6. 위원회는 그 제1회 회의에 있어서 의장 및 부의장의

임기는 1년으로 한다. 국별 위원부로부터의 의장
및 부의장의 선정은 매년 각 체약국이 그 자위에
순번으로 대표되도록 한다.

7. 위원회 밑에 그 사무를 수행하기 위한 상설사무국이
설치된다.

8. 위원회의 공용어는 한국어 및 일본어로 한다. 제안
및 자료는 어느 공용어로도 제출할 수가 있으며,
또 필요에 따라 영어로도 제출할 수 있다.

9. 위원회가 그 공동의 경비를 필요하다고 인정하였을
때 에는 위원회가 권고하고 또한 양체약국이 승인한
형식 및 비율에 따라 양 체약국이 부담하는 분담금에
의하여 위원회가 지불한다.

10. 위원회는 그 공동경비를 위한 자금의 지출을 위임
할 수 있다.

제7조

1. 위원회는 다음의 임무를 수행한다.

   a. 양 체약국이 공통의 관심을 가지는 수역에서의

어업자원의 연구를 위하여 행하는 과학적 조사
에 대하여 또한 그 조사와 연구의 결과에 의거하
여 취할 공동규제수역 안에서의 규제조치에 대
하여 양 체약국에 권고한다.

b. 공동자원조사수역의 범위에 대하여 양 체약국에
권고한다.

c. 필요에 따라 잠정적 어업규제조치에 관한 사항에
대하여 검토하고, 또한 그 결과에 의거하여 취한
조치(당해 규제조치의 수정을 포함함)에 대하여 양
체약국에 권고한다.

d. 양 체약국의 어선간의 조업의 안전과 질서에
관한 필요한 사항 및 해상에서의 양 체약국 어선
간의 사고에 대한 일반적인 취급방침에 대하여
검토하고, 또한 그 결과에 의거하여 취할 조치에
대하여 양 체국에 권고한다.

e. 위원회의 요청에 의거하여 양 체약국이 제출하여
야 할 자료통계 및 기록을 편집하고 연구한다.

f. 본 협정의 위반에 관한 동등의 형의 세목 제정에
관하여 심의하고, 또한 양 체약국에 권고한다.

g. 매년 위원회의 사업보고를 양 체약국에 제출한다.

h. 이외에 본 협정의 실시에 따르는 기술적인 제 문제에 대하여 검토하고 또한 필요하다고 인정할 때에는 취할 조치에 대하여 양 체약국에 권고한다.

2. 위원회는 그 임무를 수행하기 위하여 필요에 따라 전문가로 구성되는 하부기구를 설치할 수 있다.

3. 양 체약국 정부는 1.의 규정에 의거하여 행하여진 위원회의 권고를 가능한 한 존중한다.

제8조

1. 양 체약국은 각각 자국의 국민 및 어선에 대하여 항행에 관한 국제관행을 준수하도록 하기 위하여 양 체약국 어선단의 조업의 안전을 도모하고 그 정상적인 질서를 유지하기 위하여 적절하다고 인정하는 조치를 취한다.

2. 1.에 열거한 목적을 위하여 양 체약국의 관계당국은 가능한 한 상호 밀접하게 연락하고 협력한다.

제9조

1. 본 협정의 해석 및 실시에 관한 양 체약국간의 분쟁은 우선 외교상이 경로를 통하여 해결한다.

2. 1.의 규정에 의하여 해결할 수가 없는 분쟁은 어느 일방 체약국의 정부가 타방 체약국의 정부로부터 분쟁의 중재를 요청하는 공헌을 접수한 날로부터 30일간의 기간 내에 각 체약국 정부가 임명하는 1인의 중재위원과 이와 같이 선정된 2인의 중재위원의 당해 기간 후의 30일 기간 내에 합의하는 제3의 중제위원 또는 당해 기간 내에 이들 2인의 중재위원이 합의하는 제3국의 정부가 지명하는 제3의 중재위원과의 3인의 중재위원으로 구성되는 중재위원회에 결정을 위하여 회부한다. 단 제3의 중재위원은 양 체약국 중의 어느 국민이어서는 아니된다.

3. 어느 일방 체약국의 정부가 당해 기간 내에 중재위원을 임명하지 아니하였을 때 또는 제3의 중재위원 또는 제3국에 대하여 당해 기간 내에 합의하지 아니하였을 때에는 중재위원회는 양 체약국 정부가 각각 30일의 기간 내에 선정하는 국가의 정부가 지명하는

각 1인의 중재위원과 이들 정부가 협의에 의하여
결정하는 제3국의 정부가 지명하는 제3의 중재위원
으로 구성한다.

4. 양 체약국 정부는 본조의 규정에 의거한 중재위원회
의 결정에 복(服)한다.

제10조

1. 본 협정은 비준되어야 한다. 비준서는 가능한 한
조속히 서울에서 교환한다. 본 협정은 비준서가
교환된 날로부터 효력을 발생한다.

2. 본 협정은 5년간 효력을 가지며, 그 이후에는 어느
일방 체약국이 타방 체약국에 본 협정을 종결시킬
의사를 통고하는 날로부터 1년간 유효를 가진다.

이상의 증거로서 하기 서명자는 각자의 정부로부터
정당한 위임을 받아 본 협정에 서명하였다.

1965년 6월 22일 동경에서 동등히 정본인 한국어 및
일본어 본서 2통을 작성하였다.

대한민국을 위하여 (서명) 이동원, 김동조

일본국을 위하여   (서명) 시이나 에쓰사부로, 다카스기 신이치

재일교포 법적지위와
대우에 관한 협정

1965년 6월 22일

대한민국과 일본국은, 다년간 일본국에 거주하고 있는 대한민국 국민이 일본국의 사회와 특별한 관계를 가지게 되었음을 고려하고, 이들 대한민국 국민이 일본국의 사회 질서하에서 안정된 생활을 영위할 수 있게 하는 것이 양국간 및 양국국민간의 우호관계 증진에 기여함을 인정하여 다음과 같이 합의하였다.

제1조

1. 일본국 정부는 다음의 어느 하나에 해당하는 대한민국 국민이 본 협정의 실시를 위하여 일본국 정부가 정하는 절차에 따라 본 협정의 효력발생일로부터 5년 이내에 영주허가의 신청을 하였을 때에는 일본국에서의 영주를 허가한다.

   a. 1945년 8월 15일 이전부터 신청시까지 계속하여

184

일본국에 거주하고 있는 자.

b. a.에 해당하는 자의 직계비속으로서 1945년 8월 16일 이후 본 협정의 효력발생일로부터 5년 이내에 일본국에서 출생하고 기(其) 후 신청시까지 계속하여 일본국에 거주하고 있는 자.

2. 일본국 정부는 1항의 규정에 의거하여 일본국에서의 영주가 허가되어 있는 자의 자(아들, 딸)로서 본 협정의 효력발생일로부터 5년이 경과한 후 일본국에서 출생한 대한민국 국민이 본 협정의 실시를 위하여 일본국 정부가 정하는 절차에 따라 그의 출생일로부터 60일 이전에 영주허가의 신청을 하였을 때에는 일본국에서의 영주를 허가한다.

3. 1항 b.에 해당하는 자로서 본 협정의 효력발생일로부터 4년 10개월이 경과된 후에 출생하는 자의 영주허가의 신청기한은 1항의 규정에 불구하고 그의 출생일로부터 60일 이내로 한다.

4. 전기의 신청 및 허가에 관하여는 수수료는 징수되지 아니한다.

제2조

1. 일본국 정부는 제1조의 규정에 의거하여 일본국에서의 영주가 불허되어 있는 자의 직계비속으로서 일본국에서 출생한 대한민국 국민의 일본국에서의 거주에 관하여는 대한민국 정부의 요청이 있으면 본 협정의 효력발생일로부터 25년이 경과할 때까지는 협의를 행함에 동의한다.

2. 1항의 협의에 있어서는 본 협정의 기초가 되고 있는 정신과 목적을 존중한다.

제3조 제1조의 규정에 의거하여 일본국에서의 영주가 허가되어 있는 대한민국 국민은 본 협정의 효력발생일로 이후의 행위에 의하여 다음의 어느 하나에 해당되는 경우를 제외하고는 일본국으로부터의 퇴거를 강제당하지 아니한다.

    a. 일본국에서 내란에 관한 죄 또는 외환에 관한 죄로 인하여 금고 이상의 형에 처하여진 자(집행유예의 언도를 받은 자 및 내란에 부가 수행한 것으로 인하여

186

형에 처하여진 자를 제외한다.)

b. 일본국에서 국교에 관한 죄로 인하여 금고 이상
의 형에 처하여진 자 또는 외국의 원수, 외교사절
또는 그 공관에 대한 범죄행위로 인하여 금고
이상의 형에 처하여지고 일본의 외교상의 중대
한 이익을 해한 자.

c. 영리의 목적으로 마약류의 취급에 관한 일본국의
법령에 위반하여 무기 또는 3년 이상의 징역
또는 금고에 처하여진 자(집행유예의 언도를 받은
자를 제외한다.) 또는 마약류의 취급에 관한 일본국
법령에 의하여 3회(단, 본 협정의 효력발생일 이전의
행위에 의하여 3회 이상 형에 처하여 진 자에 대하여는
2회) 이상 형에 처하여진 자.

d. 일본국의 법령에 위반하여 무기 또는 7년을 초과
하는 징역 또는 금고에 처하여진 자.

제4조 일본국 정부는 다음에 열거한 사항에 관하여
타당한 고려를 하는 것으로 한다.

a. 제1조의 규정에 의거하여 일본국에서 영주가

허가되어 있는 대한민국 국민에 대한 일본국에
있어서의 교육, 생활보험 및 국민건강보험에 관
한 사항.

b. 제1조의 규정에 의거하여 일본국에서 영주가
허가되어 있는 대한민국 국민(동조의 규정에 따라
영주허가의 신청을 할 자격을 가진 자를 포함함)이 일본
국에서 영주할 의사를 포기하고 대한민국으로
귀국하는 경우의 재산의 휴행(携行) 및 자금의
대한민국에의 송금에 관한 사항.

제5조 제1조의 규정에 의거하여 일본국에서의 영주가
허가되어 있는 대한민국 국민은 출입국 및 거주를 포함한
모든 사항에 관하여 본 협정에서 특별히 정하는 경우를
제외하고 모든 외국인에게 동등히 적용되는 일본국의
법령의 적용을 받는 것이 확인된다.

제6조 본 협정은 비준되어야 한다. 비준서는 가능한
한 조속히 서울에서 교환한다. 본 협정은 비준서의 교환
일로부터 30일 후에 효력을 발생한다.

이상의 증거로써 하기 대표는 각자의 정부로부터 정당한 위임을 받아 본 협정에 서명하였다.

1965년 6월 22일 동경에서 동등히 정본인 한국어 및 일본어로 된 본서 2통을 작성하였다.

대한민국을 위하여 (서명) 이동원, 김동조
일본국을　　위하여 (서명) 시이나 에쓰사부로, 다카스기 신이치

한일재산 및 청구권문제 해결과
경제협력에 관한 협정

1965년 6월 22일

대한민국과 일본국은 양국 및 양국국민간의 청구권에 관한 문제를 해결할 것을 희망하여 같이 합의하였다.

제1조

1. 일본국은 대한민국에 대하여,

　　a. 현재의 1,080억원(108,000,000,000원)과 동등한 일본원의 가치를 가지는 일본국의 생산물 및 일본인의 용역을 본 협정의 효력발생일로부터 10년간의 기간에 걸쳐 무상으로 제공한다. 매년의 생산물 및 용역의 제공은 108억 일본원(10,800,000,000원)으로 환산되는 3,000만「아메리카」합중국 불($30,000,000)과 동등한 일본원의 액수를 한도로 하고 매년의 제공이 본 액수에 미달되었을 때에는 그 잔액이 차년 이후의 제공액에

가산된다. 단, 매년의 제공한도액은 양 체약국
정부의 합의에 의하여 증액될 수 있다.

b. 현재의 720억 일본원(72,000,000,000원)으로 환산되
는 2억 「아메리카」합중국 불($200,000,000)과 동등
한 일본원의 액수에 달하기까지의 장기저리의
차관으로서 대한민국 정부가 요청하고 또한 3의
규정에 근거하여 제약될 약정에 의하여 결정되
는 사업의 실시에 필요한 일본국의 생산물 및
일본인 용역을 대한민국이 조달하는 데 있어
충당된 차관을 본협정의 효력발생일로부터 10년
의 기간에 걸쳐 행한다.

　　본 차관은 일본국의 해외협력기금에 의하여
행하여지는 것으로 하고 일본국 정부는 동 기금
의 본 차관을 매년 균등하게 이행하는 데 필요한
자금을 확보할 수 있도록 필요한 조치를 취한다.

　　전기(前記) 제공 및 차관은 대한민국의 경제발
전에 도움이 되는 것이 아니면 아니된다.

2. 양 체약국 정부는 본조의 규정의 실시에 관한 사항에
대하여 권고를 행할 근거를 가지는 양 정부간의

부
록

협의기관으로서 양 정부의 대표자로 구성된 합동위
원회를 설치한다.

3. 양 체약국 정부는 본조의 규정의 실시를 위하여
필요한 약정을 체결한다.

제2조

1. 양 체약국은 양 체약국 및 그 국민(법인을 포함함)의
재산, 권리 및 이익과 양 체약국 및 그 국민간의
청구권에 관한 문제가 1951년 9월 8일에「샌프란시
스코」시에서 서명된 일본국과의 평화조약 제4조
a에 규정된 것을 포함하여 완전히 그리고 최종적으
로 해결된 것이 된다는 것을 확인한다.

2. 본조의 규정은 다음의 것(본 협정의 서명일까지 각기
체약국이 취한 특별조치의 대상이 된 것을 제외한다)에 영향
을 미치는 것은 아니다.

a. 일방 체약국의 국민으로서 1945년 8월 15일부터
본 협정의 서명일까지 사이에 타방 체약국에
거주한 일이 있는 사람의 재산, 권리 및 이익.

b. 일방 체약국 및 그 국민의 재산, 권리 및 이익으로

서 1945년 8월 15일 이후에 있어서의 통상의 접촉의 과정에 있어 취급되었고 또는 타방 체약국의 관할하에 들어오게 된 것.

3. 그의 규정에 따르는 것을 조건으로 하여 일방 체약국 및 그 국민의 재산, 권리 및 이익으로서 본 협정의 서명일에 타방 체약국의 관할하에 있는 것에 대한 조치와 일방 체약국 및 그 국민의 타방 체약국 및 그 국민에 대한 모든 청구권으로서 동일자 이전에 발생한 사유에 기인하는 것에 관하여는 어떠한 주장도 할 수 없는 것으로 한다.

제3조

1. 본 협정의 해석 및 실시에 관한 양 체약국간의 분쟁은 우선 외교상의 경로를 통하여 해결한다.

2. 1의 규정에 의하여 해결을 할 수 없었던 분쟁은 어느 일방 체약국의 정부가 타방 체약국의 정부로부터 분쟁의 중재를 요청하는 공한을 접수한날로부터 30일의 기간 내에 각 체약국 정부가 임명하는 각 1인의 중재위원과 이와 같이 선정된 2인의 중재위원

부
록

이 당해기간 후의 30일의 기간 내에 합의하는 제3의 중재위원 또는 당해기간 내에 이들 2인의 중재위원이 합의하는 제3국의 정부가 지명하는 제3의 중재위원과의 3인의 중재위원으로 구성되는 중재위원회에 결정을 위하여 회부한다. 단, 제3의 중재위원은 양 체약국 중의 어느 국민이어서는 아니된다.

3. 어느 일방 체약국의 정부가 당해 기간 내에 중재위원을 임명하지 아니하였을 때 또는 제3의 중재위원 또는 제3국에 대하여 당대 기간 내에 합의되지 아니하였을 때에는 중재위원회는 양 체약국 정부가 각각 30일의 기간 내에 선정하는 국가가 지명하는 각 1인의 중재위원과 이들 정부가 협의에 의하여 결정하는 제3국의 정부가 지명하는 제3의 중재위원으로 구성한다.

제4조

1. 본 협정은 비준되어야 한다. 비준서는 가능한 한 조속히 서울에서 교환한다.

2. 본 협정은 비준서가 교환된 날에 효력을 발생한다.

이상의 증거로서 하기 전권위원은 본 협정에 서명하였다.

1965년 6월 22일 동경에서 동등히 정본인 한국어 및 일본어로 본서 2통을 작성하였다.

대한민국을 위하여 (서명) 이동원, 김동조

일본국을 위하여　(서명) 시이나 에쓰사부로, 다카스기 신이치

/지은이 소개/

　한상범 선생님은 동국대학교 법과대학 교수와 명예교수, 민족문제연구소 소장과 대통령 소속 의문사진상규명위원회 위원장을 역임했다. 또한 한국법학교수회 회장과 명예회장, 참여연대 고문 · 한국기독교인권센터 실행이사 등으로 활동했다.

　1964년 한일협정반대교수단으로 서명했고, 박정희의 3선 개헌에 반대했다. 1991년 『역사비평』에 「한국 법학계를 지배한 일본 법학의 유산」을 발표해 일제 잔재 청산을 공개적으로 문제화했다.

　한상범 선생님은 많은 법학자들의 압력에도 일제 잔재 청산 작업과 실천 및 계몽운동과 시민운동을 해 왔다. 또한 일제 법제가 남긴 권위주의 · 관료주의 · 군국주의 · 파시즘의 병폐와 한국 법학자와 법조인의 의식구조를 분석하고, 친일파의 부정 축재와 재산 문제 등을 폭로해 일제 잔재 청산에 큰 업적을 남겼다.

　『살아 있는 우리 헌법 이야기』와 『박정희와 친일파의 유령』등을 썼으며, 『한국의 법문화와 일본 제국주의의 잔재』로 제1회 '현암법학저작상'을 수상했다. 한글운동과 인권운동 및 민주화에 기여한 공로로 '외솔상'과 '4월 혁명상'을 수상하기도 했다.

박정희와 한일협정

1판 1쇄 인쇄 2015년 05월 04일
1판 1쇄 발행 2015년 05월 10일
저　　　자 한상법
발 행 인 이범만
발 행 처 **21세기사** (제406-00015호)
　　　　　　경기도 파주시 산남로 72-16 (413-130)
　　　　　　Tel. 031-942-7861　　Fax. 031-942-7864
　　　　　　E-mail : 21cbook@naver.com
　　　　　　Home-page : www.21cbook.co.kr
　　　　　　ISBN 978-89-8468-578-9

정가 13,000원